AF403241

MINISTÈRE DES COLONIES

GOUVERNEMENT GÉNÉRAL DE L'INDOCHINE

La Réforme du Régime de la Propriété Foncière en Indochine

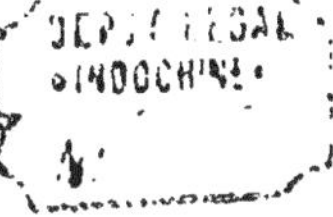

RAPPORT

présenté à

M. le Gouverneur Général de l'Indochine

PAR

A. BOUDILLON

Ancien Directeur de l'Enregistrement et des Domaines,
Conservateur des Hypothèques,
Chargé de Mission.

Août 1924

HANOI
IMPRIMERIE D'EXTRÊME-ORIENT
1927

IMPRIMERIE
D'EXTRÊME-ORIENT
HANOI — 1927

LA RÉFORME
DU RÉGIME DE LA PROPRIÉTÉ FONCIÈRE EN INDOCHINE

MINISTÈRE DES COLONIES

GOUVERNEMENT GÉNÉRAL DE L'INDOCHINE

La Réforme du Régime de la Propriété Foncière en Indochine

RAPPORT

présenté à

M. le Gouverneur Général de l'Indochine

PAR

A. BOUDILLON

*Ancien Directeur de l'Enregistrement et des Domaines,
Conservateur des Hypothèques,
Chargé de Mission.*

Août 1924

HANOI
IMPRIMERIE D'EXTRÊME-ORIENT
1927

AVERTISSEMENT

*L*E *présent ouvrage complète le rapport établi en 1912 et publié en 1915 (1) par Monsieur A. Boudillon et en constitue la suite normale. Il comporte un certain nombre d'annexes qu'il n'a pas été possible d'imprimer cette fois, et dont voici la liste :*

I. — *Projet de décret pour la Cochinchine (annexe B au rapport de 1912).*

II. — *Projet de rapport et d'ordonnance royale pour le Cambodge (annexe C).*

III. — *Projet d'arrêté pour le Cambodge (annexe D).*

IV. — *Projet de décret pour les concessions françaises en Annam et au Tonkin (annexe I).*

V. — *Projet d'arrêté pour les propriétés françaises dans les territoires protégés de l'Annam et du Tonkin (annexe J.)*

Ces projets reproduisent—avec les différences signalées au présent rapport,—les annexes publiées à la suite du rapport édité en 1915. En outre, les projets B et I, ont fait l'objet, avec de faibles modifications, des décrets du 21 juillet 1925, insérés au Journal Officiel de la République Française *du 28 juillet 1925. D'autre part les procès-verbaux des Séances de la commission d'Hanoï n'apportant aucun élément essentiel à la discussion, il a également paru inutile de les publier en annexe au présent rapport.*

---

(1) *Le Régime de la Propriété Foncière en Indochine par A. Boudillon E. Larose Ed. 1915.*

PARAGRAPHE PRÉLIMINAIRE

Des conclusions du rapport présenté en suite de la première mission et de leur mise au point

1. — A la suite d'une première enquête, poursuivie il y a douze ans, au cours de laquelle avaient été étudiées avec une scrupuleuse attention les conditions d'appropriation et d'utilisation de la terre et des droits y afférents par les divers éléments de la population d'Indochine et recherchées les causes des difficultés et des conflits qui surgissent à tout instant entre les bénéficiaires de ces droits, il avait paru que la situation d'instabilité et d'insécurité faite à la fortune immobilière par l'absence d'une organisation vraiment méthodique, condition indispensable d'une garantie efficace, pouvait être complètement et facilement modifiée, sans qu'il en résultât le moindre perturbation dans la vie économique du pays, par l'adoption de mesures très simples (*V. Le régime de la propriété foncière en Indochine* n°s 262 et suiv.).

Tout le mal provient, en effet, de ce que chaque propriétaire d'une parcelle immobilière ou simple titulaire d'un droit réel grevant cette parcelle, aussi bien dans la partie de l'Indochine devenue terre française que dans les territoires maintenus sous le régime du protectorat, exerce son droit dans les formes réglées par sa propre loi ; il en résulte ce fait absolument déconcertant qu'un même immeuble peut — successivement ou même simultanément — se trouver justiciable de deux législations et quelquefois de deux tribunaux, suivant la nationalité de ses propriétaires successifs ou même des tiers avec qui chacun d'eux a pu traiter ou se trouver en conflit.

Les événements se sont chargés de montrer, en maintes circonstances, les conséquences néfastes de cet état de choses.

On ne saurait, après ces constatations, hésiter sur la nature du remède à apporter au mal reconnu : c'est, tout simplement, le retour à l'unité de statut réel, au moyen de l'établissement d'un régime commun à toutes les portions du territoire d'un même pays, en ce qui concerne aussi bien la réglementation des droits réels consacrés par la loi que le mode de publicité à donner à ces droits pour en assurer le respect par les tiers.

2. — Partant de cette conclusion et tenant compte de la situation alors existante, il avait été proposé :

a) Pour la Cochinchine, de faire fixer par un décret du chef de l'Etat, législateur colonial de droit commun, un statut spécial de la propriété immobilière basé sur les principes combinés des législations française et annamite et comportant notamment l'adoption, comme unique organe de publicité, du *dia-bô* annamite, de l'ancienne matrice cadastrale établie sous le règne de Minh-Mang, et transformée en livre foncier par l'Administration française dès 1885 ;

b) Pour les concessions françaises, en territoire d'Annam, d'Hanoi, Haiphong et Tourane, de faire instaurer dans la même forme un régime identique à celui de la Cochinchine ;

c) Pour les territoires protégés de l'Annam et du Tonkin, de provoquer, au moyen de l'émission des actes appropriés par les autorités compétentes, l'accomplissement immédiat de la réforme opérée, depuis trente ans déjà, en Cochinchine, c'est-à-dire de faire décider qu'il serait procédé à une réfection générale des dia-bô, lesquels seraient désormais complétés, en tant que livres fonciers, par l'insertion des mentions relatives aux mutations et constitutions de droits réels, et cela par les soins des fonctionnaires indigènes eux-mêmes ;

d) Spécialement, dans l'étendue de ces mêmes territoires, pour les propriétés acquises par des Français ou étrangers assimilés, de substituer aux mesures édictées par les arrêtés du Gouverneur Général et destinées à leur assurer le bénéfice de la loi française, un nouvel arrêté étendant à ces propriétés le régime institué pour les concessions d'Hanoi, Haiphong et Tourane, l'application de ce régime devant être maintenue même en cas de reprise de la propriété par un indigène ;

e) Pour la ville de Phnom-penh et, accessoirement, pour les terrains ayant fait, dans l'étendue du royaume du Cambodge, l objet de concessions au profit de Français ou d'étrangers assimilés, de pourvoir à l'établissement, en vertu d'actes combinés des autorités cambodgienne et française, d'un service de conservation de la propriété foncière, le régime de l'immatriculation, tel qu'il a été organisé par les ordonnances royales des 24 janvier 1908, 13 mai 1909 et 28 janvier 1912, demeurant le régime de droit commun pour le reste du territoire du royaume ;

f) Enfin, pour la région du Laos et la concession de Kouang-tchéou-wan, de faire établir par des décrets présidentiels distincts une organisation foncière inspirée de celle de la Cochinchine, mais dont l'adoption, en raison de la situation particulière de ces pays, demeurerait essentiellement facultative.

3. — Il s'agit aujourd'hui, après cet intervalle de douze années, au cours desquelles des évènements politiques d'une portée considérable se sont accomplis, au cours desquelles également des mesures d'ordre administratif parfois importantes ont été prises, modifiant plus ou. moins profondément la situation, de reprendre ces premières propositions et de présenter un programme pratique pour leur réalisation.

4. — Entre temps, une enquête avait d'ailleurs, été poursuivie auprès des autorités chargées de la direction politique de chacune des parties de l'Union et des services placés sous leurs ordres, sur la valeur de ces propositions, et les avis exprimés à cette occasion, consignés dans des rapports versés aux archives du Gouvernement général, sont, dans l'ensemble, peu favorables à la réforme proposée. On ne saurait guère s'en étonner, si l'on considère que, la consultation ayant eu lieu en pleine période de guerre, alors que les cadres administratifs étaient réduits au point de ne permettre que difficilement l'exécution des travaux courants, l'adoption des projets présentés se fût traduite par un labeur supplémentaire très sérieux.

Les conditions sont bien différentes aujourd'hui : les services sont réorganisés et, d'autre part, la richesse de l'Indochine a pris, grâce à des circonstances favorables d'ordre économique dont l'étude est étrangère à l'objet du présent rapport, un développement tel qu'il n'est pas possible de retarder davantage la mise en application de mesures destinés à donner à la partie immobilière de la fortune publique et privée les garanties indispensables à une gestion fructueuse.

Il n'est pas sans intérêt, en outre, d'observer que, dès 1913, la Commission de législation indochinoise, siégeant au Ministère des Colonies, sous la présidence de M. de LANESSAN, avait donné son adhésion de principe à l'ensemble des projets d'actes établis pour la mise en œuvre des propositions formulées plus haut et que, après avoir procédé à un examen approfondi des dispositions du projet de décret pour la Cochinchine, — base générale du système, elle avait, sous réserve de quelques corrections ou modifications de détail, émis la conclusion suivante : « Il est possible et dési-« rable de créer un régime foncier unique pour l'ensemble de « l'Indochine et pour toutes les races qui l'habitent et, dans ce « but, d'instituer progressivement, dans chacune des parties de « l'Union, un régime foncier uniforme. »

5. — Il est bien évident que cette approbation ne pouvait avoir pour effet de fixer d'une manière irrévocable le texte de l'acte examiné et, s'il est permis d'en faire état, aujourd'hui encore, — et certes l'autorité de la Commission de législation indochinoise du Ministère est, à cet égard, considérable, — pour appuyer une reprise du projet, rien ne s'oppose cependant à ce que, au jour de cette reprise, les dispositions primitivement approuvées soient soumises à une nouvelle étude de la part de personnalités auto-risées, auxquelles serait confiée la mission de rechercher si les travaux de doctrine de date récente ou les variations survenues dans la jurisprudence locale ne justifieraient pas l'introduction dans le texte de dispositions nouvelles ou simplement une mise au point des anciennes.

C'est pour ce motif que, par son arrêté du 13 janvier 1924, le Chef de la Colonie a bien voulu sanctionner une proposition ten-dant à l'institution d'une Commission composée de magistrats, de fonctionnaires et de notabilités diverses et chargée de procéder, à Hanoi, sous la présidence du Directeur de l'Administration de la Justice, à une nouvelle étude du projet de décret déjà examiné par la Commission de législation indochinoise ; l'attention de la Commission locale était, d'ailleurs, spécialement appelée sur celles des dispositions de l'acte envisagé qui, s'inspirant à la fois des principes inscrits dans les lois françaises et des usages consacrés par la coutume annamite, ont pour objet de concilier les uns et les autres en un certain nombre de règles communes à tous les justiciables sans distinction d'origine.

Le travail de cette commission a été conduit avec la plus grande diligence et l'attention la plus éclairée et l'on verra que les chan-

gements qu'elle a proposé d'apporter au texte ont pour résultat
d'en faire disparaître tout ce qui pouvait encore porter atteinte,
si peu que ce fût, aux droits de la population indigène.

6. — Indépendamment, du reste, de ces considérations d'ordre
presque purement juridique, d'autres motifs militaient encore en
faveur d'une étude complémentaire des divers projets établis en
1912, mais dans un sens un peu différent.

L'enquête poursuivie, en 1916, par l'administration locale avait
provoqué un certain nombre d'observations ou d'objections d'ordre pratique et aussi d'ordre politique, dont il était utile de tenir
compte ; d'autre part, les graves événements qui se déroulaient
alors, et qui ne devaient prendre fin que plusieurs années plus
tard, avaient dû eux-mêmes déterminer des changements dans
l'état de la question, changements plus ou moins sérieux, mais de
nature, dans tous les cas, à justifier une nouvelle étude, entreprise
d'accord avec les autorités administratives des pays intéressés.

C'est le résultat de ces travaux que l'on trouvera exposé et com-
menté dans les pages qui vont suivre.

COCHINCHINE

I

DE LA SITUATION PRÉSENTE DE LA QUESTION EN COCHINCHINE

7. — On vient de voir, dans l'exposé qui précède, que la réforme proposée a pour caractéristique l'établissement d'un statut immobilier unique, garanti par un système de publicité réelle, et que, dans l'application, les dispositions essentielles de ce statut sont basées sur une combinaison, une adaptation des législations française et annamite, avec, comme organe de publicité, le dia-bô indigène, lequel serait légèrement modifié au moins dans sa forme et servi désormais par un fonctionnaire effectivement responsable.

Ce régime ne constituerait une innovation que pour l'élément européen, mais il n'est pas douteux que de ce côté, l'adaptation serait rapide ; quant aux indigènes de la Cochinchine, ils connaissent le dia-bô de longue date et, même au Cambodge, des ordonnances du roi, dont la première est de 1908 (sans parler d'un acte de l'autorité française d'octobre 1884 — V. Rég. prop. Indoch. n° 142) ont institué un système d'immatriculation qui ne diffère guère de celui de l'inscription au dia-bô.

Néanmoins, on l'a vu, l'application intégrale immédiate n'est proposée tout d'abord que pour certaines régions ou localités déterminées du territoire indochinois : la Cochinchine, en premier lieu (et seulement du reste au fur et à mesure de l'achèvement du cadastre dans les provinces) et, en même temps, les concessions françaises en Annam et au Tonkin d'Hanoï, Haïphong et Tourane, et la ville de Phnom-penh ; mais, dans tout le reste du territoire, l'éducation de la population n'est pas suffisamment avancée pour justifier dès maintenant l'introduction de la réforme ; ce ne pourra qu'être l'œuvre de l'avenir, un progrès à réaliser le jour où les habitants auront acquis une notion à peu près exacte de la valeur de la propriété immobilière et des droits qui s'y rattachent ; en attendant, on ne pourra que prendre les dispositions convenables pour favoriser l'évolution désirée, tout en assurant, autant que possible, la protection des droits exercés sur la terre en conformité de la coutume.

Ces propositions fondamentales ont été généralement approuvées.

8. — Toutefois, si la Commission de législation indochinoise, d'une part, en a reconnu le mérite, si, d'autre part, la commission locale récemment consultée a déclaré l'application immédiate du régime possible en Cochinchine, telle n'avait pas été, il faut bien le dire, l'opinion dominante lors de la consultation demandée aux administrations locales en 1916. En Cochinchine, notamment, le Chef de la Colonie, en soumettant la question au Conseil Colonial, n'avait pas hésité à émettre un avis nettement défavorable : la réforme proposée, déclarait-il, comporte « l'abandon a peu « près total des lois et coutumes annamites relatives aux biens « et la substitution des dispositions du code civil français aux « règles traditionnelles des indigènes » ; et, après avoir ajouté quelques autres réflexions ne laissant rien à retenir il formulait cette conclusion inattendue que « le dia-bô existant déjà ici per- « mettrait merveilleusement avec quelques perfectionnements, la « mise en pratique des principes de l'Act Torrens » et que « c'est « dans une adaptation à la Colonie des dispositions de l'Act Tor- « rens qu'il faudrait chercher le remède. »

Ces quelques extraits du rapport de présentation démontrent que le rédacteur avait certainement négligé de prendre une connaissance suffisante du travail communiqué : d'une part, en effet, le projet de décret pour la Cochinchine maintient dans leur intégrité la généralité des dispositions de la loi annamite et ne fait appel aux règles du code civil français que pour les matières non traitées par le législateur indigène ; d'autre part, il a été dit et répété avec insistance, dans le rapport explicatif du projet de décret, que pas n'est besoin de recourir aux institutions étrangères — qui, elles, troubleraient singulièrement les habitudes de la population annamite, — pour faire du dia-bô tel qu'il se présente, un excellent organe de publicité.

Le rapport fait au nom de la commission du Conseil Colonial, tout en concluant à un ajournement de la réforme, témoigne d'une compréhension sensiblement plus exacte de la situation ; il émet, d'ailleurs, dès les premières lignes, cette opinion que « les in- « térêts en jeu sont d'une importance sociale trop considérable « pour que les charges pécuniaires et les inconvénients transi-

« toires de cette double réforme » (confection du cadastre et purge
« de la propriété indigène) » puissent justifier de la part de l'ad-
« ministration un *non possumus* » et il déclare « qu'elle devrait
« au contraire en envisager dès à présent les conditions d'exécu-
« tion pour après la guerre. » Il propose, en attendant, — après
avoir longuement et très exactement exposé les dangers de la situation présente, de modifier, par voie de simple arrêté, « les règle-
« ments qui régissent la publicité des transactions immobilières
« intéressant les justiciables d'origine indigène. »

La plus grave reproche que l'on ait à faire à ces conclusions
c'est qu'elles tendent à l'adoption d'une mesure qui, précisément,
avait déjà fait, cinq ans auparavant, l'objet d'un arrêté du Gouverneur général, l'arrêté du 19 novembre 1911 (V. *Rég. propr.
Indoch.* n° 85).

9. — Si, du reste, les suggestions du conseiller rapporteur ne
se traduisirent pas immédiatement en un acte conçu dans le sens
indiqué par le vote de l'assemblée, ce n'en est pas moins par un
nouvel arrêté que l'on tenta, à quelques années d'intervalle, de
donner au régime foncier spécial à la propriété indigène une plus
grande efficacité.

Cet arrêté, signé par le Gouverneur général le 18 février 1921,
regh.mente à nouveau la matière, en prononçant l'abrogation expresse de « toutes dispositions antérieures relatives à la conservation de la propriété foncière indigène, » c'est-à-dire l'abrogation
des arrêtés des 6 mai 1891 et 19 novembre 1911. Il s'ensuit que
c'est désormais cet unique arrêté du 18 février 1921 (avec la légère addition, apportée par un arrêté complémentaire du 23 juin
1923, aux dispositions de son article 8) qui constitue toute la réglementation et toute la garantie de la propriété et des droits immobiliers des indigènes.

Reproduisant, avec quelques améliorations intéressantes sans
doute, la plupart des dispositions des textes abrogés, il présente
cependant le double inconvénient de passer complètement sous
silence du mode de constitution des dia-bô et de laisser, en outre,
à des agents administratifs le soin de provoquer l'exécution de
formalités destinées à protéger des droits et intérêts essentiellement privés.

10. — Quelle qu'ait pu être l'intention du signataire de l'arrêté du 6 mars 1891 (V. *Rég. propr. Indoch.* n° 58), il n'est pas

douteux que la totalité des terres de Cochinchine n'a pu trouver immédiatement place sur les dia-bô établis à cette époque : chaquè jour, d'ailleurs, de nouvelles propriétés privées se constituent par le défrichement des terres domaniales, propriétés dont l'inscription devra se faire soit à la suite des dia-bô déjà existants, soit même sur des dia-bô nouveaux, suivant qu'elles seront comprises dans les limites d'anciens villages ou qu'elles seront groupées en vue de la formation d'agglomérations nouvelles.

Quelque sommaires qu'elles fussent, les dispositions de l'arrêté de 1891 traçaient une procédure à suivre pour la constitution des dia-bô : aujourd'hui il est abrogé.

Comment devra-t-on donc procéder à l'avenir, lorsqu'il s'agira d'établir un nouveau dia-bô ? Ou, plus exactement, — car ce n'est pas l'exécution du travail matériel qui constitue la difficulté, — quelles seront les mesures à prendre pour que le nouveau dia-bô acquière une valeur légale ?

11. — La seconde critique n'est pas moins grave. C'est aux fonctionnaires, d'une manière générale, qu'il appartiendra d'assurer, par des communications et transmissions à effectuer d'office, la publication aux dia-bô des actes consensuels et des décisions de justice intéressant la propriété privée indigène (art. 5, 6, 7, 13) ; il est vrai que, en même temps, les particuliers sont invités, — autorisés, pourrait-on presque dire, — à provoquer eux-mêmes cette publication, dont ils sont les bénéficiaires immédiats (art. 8 et 12).

Dans ces conditions, la partie intéressée pourra-t-elle s'abstenir de requérir la formalité et se retourner contre le fonctionnaire qui aurait omis, de son côté, de la provoquer ?

12. — D'une façon générale, d'ailleurs, les dispositions de ce nouveau texte ne sont pas toujours faciles à concilier.

L'article 9 prévoit la mention au dia-bô de « tous jugements et « arrêts portant mutation, constitution, résolution ou reconnais- « sance de droits réels sur les immeubles indigènes » ; fort justement, la circulaire du Gouverneur de la Cochinchine du 15 novembre 1921, commentant l'arrêté du 18 février, ajoute que l'inscription ne pourra avoir lieu « que sur le vu de jugements ayant force de chose jugée. » Or, par ailleurs l'article 13 fait une obligation au receveur qui a procédé à l'enregistrement d'une décision de l'espèce d'en adresser une copie à l'administrateur-conservateur, dans le délai d'un mois à partir du jour de l'enre-

gistrement, « copie sur le vu de laquelle », porte le texte « le
conservateur fera mention de la mutation au dia-bô, si ce n'est
déjà fait » : ne voit-on pas qu'à moins de circonstances exception-
nelles, au moment où la copie du receveur parviendra au conservateur, soit environ cinquante jours après le prononcé de la décision (vingt jours, délai d'enregistrement ; trente jours, délai d'envoi de la copie), elle n'aura pu encore acquérir l'autorité de la chose
jugée. Le conservateur devra-t-il alors se conformer aux prescriptions de l'article 13 ou aux judicieux conseils de la circulaire ?

13. — La nouvelle règlementation ne devait pas, contrairement
à ce que l'on avait espéré, modifier d'une manière appréciable l'é-
tat de choses existant : ce n'est pas au moyen de changements
d'aussi minime importance introduits dans les procédés d'application de mesures insuffisantes par elles-mêmes qu'il était possible d'obtenir une amélioration sérieuse des résultats.

Aussi, dans une circulaire du 4 juillet 1922, « au sujet de la
situation foncière de la Cochinchine », le Chef de la Colonie cons-
tatait-il que cette situation « laisse beaucoup à désirer » et que,
parmi les causes auxquelles il fallait l'attribuer, l'une des premières était l'irrégularité des inscriptions prises aux dia-bô.

Le paragraphe de cette circulaire relatif à la tenue des dia-bô,
est, du reste, particulièrement instructif : il fait apparaître, d'une
façon manifeste, tous les dangers d'une règlementation incomplète en une matière aussi importante que la protection due à la
fortune immobilière d'un pays. En effet, depuis que l'arrêté du
18 février 1921 a abrogé celui du 6 mars 1891, il n'existe plus, —
on l'a dit plus haut, — de texte déterminant les conditions d'établissement des dia-bô, en sorte que c'est au cours de ce paragraphe, sur la « tenue des dia-bô, que l'administration locale se
voit dans l'obligation, pour combler une lacune dangereuse, d'indiquer aux administrateurs-conservateurs les moyens empiriques
auxquels ils auront à recourir pour la confection ou la mise à jour
de leurs registres. En raison de leur caractère même ces instructions n'ont, bien entendu, rien d'absolu, en sorte qu'elles sont
sujettes à des modifications, en cas d'exécution défectueuse, et que,
notamment, une circulaire du 19 août 1922 a pu prescrire la rectification d'office d'inscriptions déjà faites, lesquelles devraient
régulièrement demeurer intangibles.

14. — Ces tâtonnements incessants que l'on constate depuis 1911
ont toujours eu pour but d'arriver à établir une corrélation entre

le régime foncier indigène et le régime hypothécaire français. Ce que l'on cherchait surtout, encore que la chose ne ressorte pas aussi clairement des termes de l'arrêté de 1921 que de ceux de l'arrêté de 1911, c'était à obtenir la publication aux dia-bô des hypothèques judiciaires pouvant grever la propriété annamite du chef de créanciers européens ou assimilés, comme si l'hypothèque judiciaire devrait être tenue pour une institution particulièrement intéressante du système foncier français ! La persistance même de ces efforts démontre, d'ailleurs, amplement que le véritable remède au mal signalé ne saurait consister en une superposition des deux systèmes de publicité, donnant sous deux formes, spécialement pour la propriété indigène les mêmes renseignements, mais bien dans l'adoption d'un système unique et commun à tous les habitants.

En effet, à la différence de la réglementation, la jurisprudence des tribunaux de la Colonie, en cette matière, est demeurée immuable et n'a cessé d'affirmer l'indépendance complète des deux systèmes fonciers l'un à l'égard de l'autre et la valeur absolue des formalités accomplies sous l'empire de l'un et de l'autre par les justiciables français et annamites.

Des arrêts de la Cour de Saïgon des 26 août 1910 et 9 février 1911 avaient formulé autrefois la règle suivante : « De même que l'An-« namite sauvegarde ses droits, même à l'égard des tiers français, « par l'observation du mode de publicité prescrit par la loi anna-« mite (l'inscription au dia-bô), de même le Français sauvegarde « les siens, même au regard des tiers annamites, par l'observation « du mode de publicité admis par la loi française (la transcription « ou l'inscription sur les registres de la conservation des hypo-« thèques) » (V. *Rég. prop. Indoch.* n° 75).

A quelque temps de là, la Cour parut un moment sur le point de changer d'opinion ; par un arrêt du 19 décembre 1913, elle décida que « le créancier français qui n'a pas fait mentionner son « droit hypothécaire au dia-bô ne peut, pour la détermination du « rang, l'opposer aux créanciers indigènes » ; mais, la Cour de cassation ayant eu, peu après, à statuer sur un pourvoi formé contre l'arrêt précité du 26 août 1910 et ayant rendu, le 7 juillet 1914, un arrêt qui consacrait expressément le principe de l'indépendance des deux régimes, tous les conflits de droits réels portés devant les juridictions locales, — et ces conflits, par la force des choses, se produisaient toujours aussi nombreux, — furent résolus dans le même sens.

15. — Il est certainement intéressant de lire les motifs de deux arrêts de date relativement récente, sur des litiges de l'espèce, qui font très clairement apparaître à la fois les dangers de la situation et l'impossibilité d'en sortir par tout autre moyen que par une transformation radicale de la législation.

1°) Arrêt du 22 juillet 1921 :

« Considérant, en d'autres termes, que la question soumise une
« fois de plus à la Cour est celle de savoir si le créancier européen
« ou assimilé peut être considéré comme ayant suffisamment sau-
« vegardé ses droits immobiliers par une inscription hypothé-
« caire en la forme du droit civil français, sans avoir égard au
« registre de la propriété foncière annamite, de même que le cré-
« ancier annamite sauvegarde suffisamment ses droits immobiliers
« *erga omnes* par la seule inscription au dia-bô, sans s'inquiéter
« de la conservation hypothécaire de droit français ;
« Considérant que la Cour de cassation (chambre des requêtes),
« dans un arrêt du 6 juillet 1914, a fixé le parallélisme de ce
« double système de publicité en matière de collation ou de trans-
« lation de droits immobiliers, soit par l'inscription au dia-bô
« pour les indigènes, soit par la transcription à la conservation
« des hypothèques pour les européens.
« Considérant que, d'ailleurs, s'agissant de droits réels, les
« deux systèmes annamite et français sont amenés à se pénétrer
« l'un l'autre, sous peine d'admettre que la propriété devrait·
« s'immobiliser soit uniquement dans des mains françaises, soit
« uniquement dans des mains annamites, ce qui ne se conçoit
« pas..... »

2°) Arrêt du 22 décembre 1922 :

« Considérant que la question soumise à la Cour est celle déjà
« tranchée par un arrêt du 22 juillet 1921, basé sur un arrêt de
« la Cour suprême du 6 juillet 1914 ;
« Qu'il résulte de cette jurisprudence que les droits immobiliers
« du créancier européen ou assimilé ou du créancier annamite
« sont sauvegardés *erga omnes* par la seule inscription hypothé-
« caire pour le premier ou la seule inscription au dia-bô pour le
« second ;
« Qu'en l'espèce aucun des arguments fournis n'est de nature à
« renverser cette jurisprudence ;

« Qu'en Cochinchine, colonie française, toutes les terres sont
« françaises comme l'étendue du territoire mais qu'elles relèvent,
« pour l'inscription des droits réels, soit du registre foncier anna-
« mite (dia-bô) pour les annamites, soit du registre de la conser-
« vation des hypothèques pour les européens ;

« D'où il suit que l'inscription hypothécaire antérieure en date
« à une inscription au dia-bô doit primer celle-ci, les deux regis-
« tres du dia-bô et des hypothèques se complétant l'un l'autre,
« pour connaître le crédit qui peut être accordé à une terre en
« Cochinchine ;

« Que tel est l'état de la jurisprudence à laquelle il y a lieu de
« s'en tenir tant qu'un texte de loi n'aura pas tranché la question
« dans tout autre sens. »

Cette jurisprudence lève ainsi tous les doutes qui pourraient
subsister sur l'obligation qui incombe à tous ceux, européens
ou indigènes, qui veulent traiter avec un indigène, de se rensei-
gner sur les charges grevant l'immeuble intéressé à la fois auprès
du conservateur des hypothèques et auprès de l'administrateur-
conservateur de la propriété foncière (V. *Rég. prop. Indoch.* n° 83).

L'arrêt du 22 juillet 1941 en faisait lui-même la constatation
dans l'un de ses considérants :

« Qu'il suit de là que tout acheteur ne peut être suffisamment
« renseigné sur les droits qui grèvent un immeuble qu'autant
« qu'il se trouve en présence d'un double état fourni et par la
« conservation des hypothèques et par la conservation des livres
« fonciers indigènes.... »

Déjà le conseiller colonial chargé de rédiger le rapport auquel
il a été fait allusion plus haut, consécutif à l'examen du projet
de réforme du régime foncier (V. suprà n° 8) écrivait :

« Il est donc malheureusement trop certain que nul ne peut
« contracter raisonnablement avec un propriétaire indigène sans
« requérir à la fois un état à la conservation des hypothèques et
« un extrait du bô à l'inspection. *C'est assurément le plus compli-*
« *qué et le plus onéreux des systèmes.*
« On pourrait encore tolérer cette obligation dans le cas excep-
« tionnel où un français projette de contracter avec un annamite ;

« mais, ne l'oublions pas, à peine d'une insécurité absolue, *le*
« *nha-qué, perdu au fond de la brousse, doit prendre les mêmes*
« *précautions quand il traite avec son voisin indigène....* »

Il faut donc répéter une fois de plus que la situation précaire
faite à la propriété immobilière par tout l'ensemble de circonstances qui vient d'être exposé à nouveau, — situation qui s'est
maintenue dans toute sa gravité malgré l'adoption de mesures que
l'on avait cru pouvoir considérer comme des remèdes aux maux
constatés, — ne s'améliorera que lorsqu'on voudra bien aborder
hardiment la réforme proposée, basée sur l'unité de statut réel.
Hors de là, pas de salut !

II

DU PROJET D'ACTE ORGANIQUE DU NOUVEAU STATUT RÉEL

16. — Le projet de décret (annexe B du rapport de 1912) qui
avait été établi pour la réalisation de la réforme foncière en Cochinchine doit actuellement, comme conséquence des observations et
constatations rapportées au paragraphe qui précède, être revisé et
complété.

On a vu, en effet, que la Commission de législation indochinoise réunie au Ministère avait déjà proposé quelques modifications ; d'autre part, de l'étude et de la discussion auxquelles
s'est livrée la commission spéciale nommée, à Hanoi, par l'arrêté
du Gouverneur général du 13 janvier 1924 sont sorties d'assez
nombreuses propositions d'additions et rectifications, n'affectent
pas les principes essentiels de la réforme, mais complétant les
dispositions de détail en vue de les mieux adapter pratiquement
aux besoins à satisfaire.

Les suggestions de l'une et l'autre commissions ne vont cependant pas toutes sans appeler parfois des réserves et il y aura lieu
d'examiner les objections que soulèvent certaines d'entre elles
avant d'en décider l'adoption.

Les modifications proposées par la Commission de Paris sont
données en notes, — sans explications, d'ailleurs, — dans le vo-
lume que forment le rapport de 1912 et ses annexes. En ce qui
concerne les conclusions de la Commission d'Hanoi, les procès-

verbaux de ses séances sont joints au présent rapport et ils font connaître les opinions exprimées par ses membres pour ou contre le maintien du texte primitif ou l'adoption des changements proposés (1). Il suffira donc d'indiquer, pour les unes et les autres les raisons pour lesquelles il semblerait opportun de reviser ou même d'écarter, dans quelques cas, les avis émis par la majorité en faveur d'additions, de retranchements ou de changements d'un intérêt contestable.

Enfin, au cours de ce travail de revision, il sera fait état d'observations formulées dans des entretiens et conférences avec, notamment, le Gouverneur de la Colonie et certains chefs des services locaux ; l'expérience et la compétence de leurs auteurs sont de sûrs garants du très-réel intérêt qu'elles présentent.

17. — On remarquera peut-être que, comme préliminaire de la réforme présentée au projet de décret annexe B, un autre projet de décret, annexe A, tendait à modifier les articles 18 et 19 du décret du 17 mai 1895, relatif à l'organisation de la justice en Cochinchine et au Cambodge.

La Commission d'Hanoi, reprenant l'un des arguments invoqués à Paris et constatant que le décret de 1895 avait été remplacé par celui du 16 février 1921, a déclaré inutile ce projet de décret annexe A ; pour ne pas apporter de retard à l'examen du projet de décret annexe B, — qui était l'objet essentiel de l'œuvre de la commission, — il n'a paru utile de discuter cette opinion, mais l'intérêt de ce premier acte n'est pas douteux.

Assurément, dès que l'acte organique du nouveau régime foncier aura été promulgué, il est à croire que les tribunaux en assureront l'application dans tous les litiges relatifs à des conflits de droits réels immobiliers ; mais il faut bien reconnaître, cependant, que, pour certains esprits, un doute subsistera sur la valeur qu'aura pu conserver l'article 112 du nouveau texte.

Il est incontestable que l'application rigoureuse de ses dispositions aboutit à ce résultat quelque peu déconcertant que le droit d'un propriétaire foncier est différent et, en fait, plus ou moins étendu suivant la nationalité de son adversaire en justice ; il est aisé d'en donner la preuve.

A l'occasion d'un procès engagé entre un indigène de Cochinchine, prétendant droit à la propriété d'alluvions excrues au long

____

(1) Voir avertissement.

d'une parcelle de terre lui appartenant en bordure d'un cours
d'eau navigable et se trouvant ainsi en conflit avec l'administration
locale, qui avait cru pouvoir concéder ces alluvions à un tiers, la
cour de Saigon motivait comme suit l'arrêt rendu :

« Attendu qu'aux termes de l'article 19 du décret du 17 mai
« 1895, portant réorganisation de la justice en Indochine, pro-
« mulgué dans la Colonie par arrêté du Gouverneur général du
« 18 juillet 1895, la loi française régit toutes les conventions et
« toutes les contestations civiles et commerciales entre européens
« ou entre européens et indigènes ;

« Qu'il n'en saurait être autrement, la Cochinchine, colonie fran-
« çaise, représentée par son gouverneur, ne pouvant être, dans ses
« rapports avec les indigènes, soumise à la législation annamite,
« qui est applicable aux seules conventions et contestations civiles
« et commerciales entre indigènes et asiatiques aux termes de l'ar-
« ticle 18 du décret précité ;

« Que, les choses ainsi, la loi française s'impose donc entre les
« parties.... »

Qu'est ce à dire, sinon que, si le compétiteur du propriétaire
indigène de la parcelle accrue par les alluvions eût été non pas
la colonie, considérée comme personne civile française, mais bien
un autre indigène, c'est selon les règles de la loi annamite que le
litige eut été jugé ? Sans avoir à rechercher si, en pareille hypothèse, la solution eût été différente, il suffit de constater qu'elle
aurait pu l'être pour faire apparaître tout l'illogisme d'un pareil
système en matière de statut réel.

Autre exemple : la Cour de Saigon avait à statuer récemment
sur un litige déjà soumis au Tribunal de Phnom-Penh et portant
sur une autorisation prétendue d'ouverture de vue droites sur sa
propriété accordée par le propriétaire français d'un immeuble à
Phnom-Penh à son voisin de nationalité chinoise.

En raison de la personnalité des parties en cause, la Cour, dans
un arrêt du 30 décembre 1921, se basant à la fois sur les articles
678, 680, d'une part, 690, 692 et 1341, de l'autre, du code civil
français, ordonna la suppression immédiate des vues ouvertes sans
titre constitutif ou récognitif du droit invoqué. Est-il nécessaire
de faire observer que l'application des dispositions du code français pour le règlement de droits réels intéressant des immeubles
situés en territoire cambodgien était motivée uniquement par la

nationalité des parties et que la solution eût pu être toute différente si les propriétaires des fonds voisins avaient été deux asiatiques ?

On pourrait ajouter, d'ailleurs, qu'à l'heure actuelle encore,
après la promulgation du code civil cambodgien, un propriétaire
français de Phnom-Penh aurait la faculté d'ouvrir des vues droites
sur le fonds de son voisin également français, moyennant l'observation de la distance prévue au code civil français de 19 déci-
mètres, mais que, si tous deux venaient à vendre leurs propriétés
respectives à deux Cambodgiens, l'acquéreur du fonds servant serait en droit d'exiger la suppression de ces vues ouvertes à une
distance inférieure à deux mètres prévue au Code civil cambodgien !

Ces deux exemples, empruntés à la vie de chaque jour, démontrent surabondamment la nécessité à la fois de l'institution
d'un statut unique de la propriété foncière et de l'abandon du
principe inscrit à l'article 112 du décret du 16 février 1921, en ce
qui concerne le règlement des litiges immobiliers. Il est, en effet,
inadmissible que l'exercice du droit de propriété et des autres
droits qualifiés de réels sur les immeubles, considérés par l'école
nouvelle comme la contre-partie d'une « obligation passive uni-
verselle », se trouve subordonné à des modalités qui sont la néga-
tion même de ce caractère d'universalité.

18. — Les explications qui vont suivre, au sujet des dispositions
du projet de décret annexe B seront limitées à celles de ces dispositions qui font l'objet de propositions de modifications ; le commentaire détaillé du projet donné au rapport qui l'accompagne,
suffit pour les autres, sans qu'il soit besoin d'y revenir.

19. — *Art. 26 à 28.* — Ces articles, réservés au cours de la
séance du 21 janvier 1924, ont été, à la séance suivante, reconnus
conformes à la jurisprudence locale et adoptés.

En effet, un arrêt de la Cour de Saïgon du 21 janvier 1921, rendu dans une espèce où l'administration locale avait cru pouvoir
accorder la concession d'alluvions excrues au long d'un fleuve
navigable au profit d'indigènes autres que les propriétaires riverains, avait reconnu les droits exclusifs de ces derniers à la propriété des terres dont il avait été disposé à leur détriment :

« Attendu, en droit, que les alluvions appartiennent aux pro-
« priétaires des fonds le long desquels elles se sont formées ;.....

« Attendu que la Colonie ne peut, conformément à l'arrêté du
« Gouverneur général du 15 janvier 1903, portant règlementation
« du domaine, aliéner que les choses comprises dans le domaine
« local et qui sont limitativement énumérées à l'article 31 dudit
« arrêté ;....

« Attendu que ledit article 31, qui place dans le domaine alié-
« nable les lais et relais de la mer, inaliénables en France (art. 557
« et 558 c. civ.) est muet sur le droit à l'alluvion ; qu'il en faut
« conclure que l'alluvion, dans la Colonie de Cochinchine,
« reste soumise au principe du droit français qui la proclame
« propriété du riverain ;...

« Attendu que, la loi annamite fût-elle applicable en l'espèce,
« elle serait elle-même défavorable à la prétention de la Colonie ;

« Attendu, en effet, que l'ordonnance de la 17ᵉ année du roi
« Minh-Mang (année 1836) qui régna de 1820 à 1840, reconnaît
« formellement le principe du droit des riverains sur l'alluvion ;
« qu'elle ne fait à ce droit qu'une réserve, en décidant que les allu-
« vions ne seraient enlevées aux riverains que s'il n'y avait pas,
« dans le village, de terres suffisantes pour désintéresser les pro-
« priétaires dépossédés par les érosions du fleuve ;

« Qu'ainsi s'explique le droit que l'Etat annamite s'était réservé
« sur les alluvions, non à son profit, mais dans le seul but d'y
« trouver des terres à attribuer à ceux qui en étaient dépossédés
« par les lois de la nature... »

Cet arrêt, ayant été déféré à la Cour suprême, non en raison de
la solution donnée à la question de droit civil, il est vrai, le pourvoi fut rejeté par arrêt de la Chambre des requêtes du 4 décembre
1923.

20. — *Art. 46.* — La suppression du 2ᵉ alinéa de cet article, proposée par la Commission de Paris, n'a qu'une importance tout à
fait secondaire ; il n'est pas douteux que, même après cette suppression, les termes de *nue-propriété* et de *nu-propriétaire* conti-
nueront à être employés. Il s'agissait d'une simple définition, dont
l'insertion présente un intérêt modéré, c'est exact, mais dont la
suppression n'en présente certainement aucun : une définition
n'est jamais tout à fait superflue.

31. — *Art. 71.* — La Commission d'Hanoi ayant proposé de compléter le texte par une disposition concernant la déchéance de la veuve usufruitière annamite, il sembla, après étude de la question, que la consécration de cette règle de droit indigène trouverait plus exactement sa place au chapitre qui, plus loin, réunit les multiples dispositions se rattachant au règlement des successions annamites.

A cet effet, l'article 71 serait complété par une simple référence pour ordre à l'article 184 et c'est à cet article 184, à la suite du premier alinéa, « le droit de l'épouse de premier rang.... est un « droit d'usufruit », que serait ajoutée la proposition suivante : « ...... dont la déchéance peut être prononcée judiciairement en « cas de convol en secondes noces ou d'indignité dûment consta-« tée ».

32. — *Art. 109.* — Cette disposition, inspirée du Code civil français, pouvait présenter des inconvénients si l'application en était demandée pour certaines variétés de végétaux à tige élevée, qui, sans constituer une cause de gêne pour les voisins, se plantent fréquemment sur la limite même des propriétés. Il a paru possible de les soustraire à la disposition d'ordre général s'appliquant à des arbres d'un port absolument différent.

33. — *Art. 130 et suivants.* — Le chapitre « Du *nantissement immobilier* » a donné lieu à toute une série d'observations, qui, après étude et solution des questions soulevées, rendraient nécessaire un nouveau classement des articles définitivement acceptés.

Tout d'abord, la disposition de l'article 132 a paru insuffisante, en ce sens que, selon l'opinion de la Commission, la constitution d'un droit de nantissement ne peut se concevoir ni sur un immeuble déjà grevé d'un droit de même nature, — ce que disait le texte primitif, — ni même sur un immeuble grevé d'un droit d'hypothèque, la faculté dont jouit le titulaire de ce dernier droit de faire vendre le bien, en cas de non paiement de la dette garantie, constituant un obstacle à l'exercice normal du droit de rétention du bien engagé par le créancier nanti ; cet article doit donc être complété dans le sens de l'observation.

La même Commission a estimé encore que, tandis qu'il est superflu de déclarer, comme le fait l'article 133, première rédaction devenu article 136, que le créancier nanti est admis à exercer lui-même son droit, — ce qui est en somme normal, — il faut, par contre, décider qu'il ne peut le céder à un tiers qu'avec l'agrément de son débiteur.

Enfin, des modifications plus importantes, — car, s'inspirant de la jurisprudence à peu près constante des tribunaux de la Colonie, elles tendent à substituer aux anciennes règles de la loi annamite des dispositions nouvelles empruntées directement à la législation française, — ont été envisagées et, d'ailleurs, adoptées par la majorité de la commission.

Les prescriptions des articles 138 à 142 (ancienne numérotation) n'étaient que la confirmation, le développement de celles d'une ordonnance de la 20° année de Minh-Mang : la Commission a estimé que le moment est venu où, sans faire disparaître encore le nantissement immobilier du nombre des sûretés réelles mises à la disposition des propriétaires fonciers, il peut être introduit des améliorations dans les conditions d'exercice de ce droit, notamment par l'adoption de la règle inscrite en l'article 2088 du Code civil français : le créancier ne deviendrait plus en aucun cas, propriétaire du bien engagé pour simple défaut de paiement de la créance, mais aurait, au même titre que le créancier hypothécaire, la faculté de poursuivre la vente forcée, pour être payé sur le prix.

En conséquence, il a été procédé à une revision dans le sens indiqué des articles 141 à 143 (ancienne numérotation) du projet et à une rédaction nouvelle donnant satisfaction aux desiderata exprimés (art. 138, 139 et 143 nouv.)

24. — La discussion s'est plus spécialement étendue sur la rédaction du nouvel article 143.

On a vu que la Commission avait considéré comme impossible la dation en nantissement d'un immeuble déjà grevé d'hypothèque ; elle admettait, par contre, — et rien ne l'interdit dans le texte définitif, — que l'immeuble donné en nantissement pouvait ultérieurement être frappé d'hypothèques, la situation du créancier nanti ne se trouvant nullement atteinte par la constitution de ce nouveau droit.

Ces deux points une fois réglés, elle a voulu qu'il fut bien spécifié que, dans tous les cas où le bien engagé viendrait à faire l'objet d'une vente forcée, soit en suite de poursuites entamées par le créancier nanti lui-même ou par un autre créancier, hypothécaire ou non, soit en conséquence d'une procédure d'expropriation pour cause d'utilité publique, le créancier nanti se vît *ipso facto* placé, quant à l'exercice du droit de suite et du droit de préférence, sur le pied d'un créancier hypothécaire, avec attribution du premier rang, les inscriptions, s'il en existait d'autres, devant toutes, d'ailleurs, être de date postérieure.

25. — L'introduction de telles modifications dans l'ensemble du chapitre détermine une sorte de déclassement dans l'ordre d'importance des dispositions maintenues et dans la répercussion des unes sur les autres et il est devenu, par suite, indispensable de procéder, comme il a été dit plus haut, à une mise en place logique des articles nouveaux. Il conviendra donc d'observer que, sans que le nombre en soit changé, les articles 130 à 145 du texte revisé ne correspondent plus à ceux qui portaient les mêmes numéros dans le projet primitif.

26. — *Art. 168.* — L'un des membres de la Commission d'Hanoi, avait demandé, en faisant observer que la propriété s'acquiert encore, dans quelques cas spéciaux, par voie d'accession, que ce troisième mode d'acquisition fût ajouté aux deux autres.

En raison de son caractère bien particulier, qui ne permet guère de l'assimiler à ces derniers, il a paru qu'il pouvait être donné satisfaction à la proposition par simple rappel du droit d'accession, sans insertion d'un numéro supplémentaire, les deux modes d'acquisition par succession et par contrat devant seuls correspondre aux deux divisions principales de la deuxième partie du projet.

27. — *Art. 184.* — Cet article est tout d'abord complété, en son premier alinéa, dans le sens indiqué précédemment (V. suprà n° 21), pour rappeler et consacrer le cas de déchéance de la veuve annamite usufruitière.

Par contre, le second alinéa est purement et simplement supprimé. D'après la coutume annamite, les épouses de rang inférieur n'ont droit qu'à des aliments et, par suite, il est superflu même de les mentionner dans un texte destiné à réglementer la matière immobilière.

28. — *Art. 185.* — Cet article est supprimé comme ne répondant pas à la conception annamite ; la part de vieillesse serait un droit de propriété portant sur une fraction de l'héritage et non une simple charge imposée à cette fraction ; il est sans intérêt dès lors de le définir spécialement.

29. — *Art. 189 (anc. 190)*. — Pour les raisons données au procès-verbal, la Commission d'Hanoi a cru devoir se séparer de la Commission de Paris, au sujet de la rédaction de cet article : elle estime, en effet, que, si, pour les français et étrangers assimilés, il convient de faire application à chacun de sa loi personnelle, pour les annamites et asiatiques assimilés, la loi annamite constitue le régime obligatoire commun à tous.

Il lui a paru, d'ailleurs, préférable de le spécifier expressément, ce qu'elle propose de faire en supprimant simplement le membre de phrase « soit par le code civil français ».

30. — *Art. 195 (ancien)*. — L'insertion de cet article se justifiait en ce sens que, sous un régime de publicité absolue, toute cause de révocation éventuelle d'un droit doit, pour être opposable aux tiers, être signalée par une mention du livre foncier.

Il a paru cependant que les cas où cette disposition serait appelée à jouer seraient, en somme, très peu nombreux, — le défaut de paiement du prix, contre lequel le vendeur sera généralement garanti par une inscription d'hypothèque conventionnelle ou forcée, devant être, dans la pratique, le motif le plus ordinaire d'annulation de contrats publiés ; — aussi la suppression pure et simple, mettant fin à une discussion sans grand intérêt, a-t-elle été acceptée.

31. — *Art. 222 à 226 (anc. 224 à 228)*. — La Commission locale, après avoir tout d'abord réservé lesdits articles, dont la suppresion était proposée par la Commission de législation indochinoise, s'est rangée à cet avis et a conclu finalement à leur remplacement par une disposition unique, celle même qu'avait proposée la Commission de Paris, spécifiant que la matière serait réglementée par la loi personnelle des parties ; mais elle a supprimé le deuxième alinéa du texte rédigé par cette dernière, aux termes duquel la révocation des donations n'aurait d'effet à l'égard des tiers qu'autant qu'elle aurait été rendue publique par une mention au livre foncier.

Cette modification au projet initial, quoique demandée par les deux commissions, ne semble nullement justifiée et pourrait entraîner les plus graves conséquences ; les considérations sur lesquelles s'appuyait la rédaction des cinq articles supprimés ont été exposées et les explications fournies paraissaient de nature à en démontrer l'intérêt (V. *Rég. prop. Indoc.* n° 327) ; une nouvelle étude de la question n'a fait que confirmer les idées alors émises.

D'une part, non seulement il n'est pas autrement certain que, dans la véritable coutume, — non point celle qu'ont prétendu rapporter parfois les tribunaux en conformité de déclarations plus ou moins autorisées, — la donation fût susceptible de révocation *ad nutum* ; mais, au contraire, il ressortirait de l'étude du Code des Lê, notamment, que le droit du père de famille de priver ses enfants de leur part d'héritage était réglementé et ne s'exerçait que dans des cas prévus et des limites définies. Dans le même ordre d'idées, l'enfant mis en possession de sa part dans l'héritage paternel, à la suite d'un partage anticipé, était libre d'aliéner à son gré les biens compris dans son lot (Code des Lê, art. 377 et la note).

Une affaire assez curieuse, qui s'est passée il y a quelques années, démontre l'exactitude de ces diverses propositions.

Par un acte passé en la forme indigène le 28 octobre 1891, le nommé HUYNH-THUAN-Y recevait de son père, en même temps que ses frère et sœur, divers immeubles qui étaient immédiatement portés à son nom au dia-bô du village ; plusieurs années après, ayant emprunté à l'Indien LATCHOUMANANECHETTY une somme qu'il ne put, par la suite, rembourser à l'échéance, Y se vit assigner par son prêteur, condamné à payer suivant jugement par défaut du 30 juin 1914 et saisi ; mais, alors que les biens portés à son nom allaient être vendus, le père intervenait et, par un acte notarié du 25 novembre 1914, révoquait à vingt trois ans de distance sa donation de 1891 ! Par un arrêt du 28 janvier 1916, la Cour de Saigon, s'appuyant sur la jurisprudence antérieure, reconnaissait la validité de la révocation et ordonnait la radiation de l'inscription d'hypothèque judiciaire prise par LATCHOUMANANECHETTY contre HUYNH-THUAN-Y (*Trib. des Col.* 1916-1-276).

Il est permis d'affirmer, pour peu que l'on connaisse la mentalité annamite, que, si dans les circonstances qui viennent d'être indiquées, les indigènes intéressés ont eu recours au notaire français pour rédiger l'acte de révocation de donation qui devait faire échec à la poursuite du chetty, c'est que les notables du village n'eussent pas consenti à revêtir de leur visa un acte contraire à la coutume ancestrale.

D'ailleurs, il est à remarquer que, mis en présence d'une situation aussi imprécise, les tribunaux depuis quelque temps, hésitent à faire l'application rigoureuse de règles dont la valeur apparaît, à certains moment, comme singulièrement douteuse ; ils s'efforcent d'arriver, sinon à la vérité qu'il n'est pas toujours

aisé de découvrir, au moins à l'équité et font, qu'on le veuille
ou non, du droit prétorien.

L'une décisions les plus caractéristiques rendues en ce sens,
un arrêt de la 2ᵉ chambre de la cour d'appel de Saïgon du 17
novembre 1922, dans une affaire Nguyên-thi-Lang contre Ha-sinh-
Taï, a formulé la règle suivante : « L'exhérédation du fils par son
« père doit être expresse, nominative et motivée ; il s'agit en
« effet, d'une peine, qui ne peut être prononcée par le chef de
« famille que pour une cause légitime, en cas d'indignité du fils
« ou de manquement grave à la piété filiale, par exemple ».

Cette évolution est assurément très heureuse et doit être approu-
vée ; mais est-il certain qu'elle se poursuivra régulièrement dans
le même sens (les magistrats changent) et est-il admissible que les
tribunaux fassent la loi au lieu de l'appliquer ? Ne serait-il pas
préférable, pour toutes ces raisons, de fixer dans un texte des
règles dont le défaut, à l'heure présente, peut conduire aux
conséquences les plus imprévues ?

Il convient donc d'insister très sérieusement pour que l'administration supérieure étudie attentivement la question avant d'a-
dopter la suggestion des deux commissions et de substituer, comme
elles le demandent, aux cinq articles visés (*dont la lettre et l'esprit
sont en accord complet avec la jurisprudence actuelle de la Chambre indigène de la Cour de Saïgon*) une disposition générale qui
laisse la porte ouverte, en matière annamite au moins, à toutes
les conceptions et à toutes les initiatives.

On remarquera que la suppression du 2ᵉ alinéa de l'article nouveau proposé par la Commission de Paris est tout à fait justifiée :
dans les termes où cet alinéa est rédigé, il n'a aucun sens, car
il est manifeste que, pour la révocation d'une donation, comme
pour tout autre acte modificatif ou extinctif d'un droit, la publication au livre foncier est la condition unique, mais indispensable de
sa validité à l'égard des tiers ; ce qui, en matière de révocation
de donation, est tout d'abord intéressant à porter à la connaissance
du public, c'est la menace qui demeure suspendue sur la tête
du donataire et des tiers qui traitent avec lui, du fait de la réserve
qu'a pu stipuler le donateur ; ce sont précisément ces diverses
sortes de réserves qui sont mentionnées aux articles 222, 2ᵉ alinéa
et 226.

32. — *Art.* 238 (anc. 240). — Cet article, d'abord réservé au
cours de la première discussion, a été définitivement maintenu à

la séance suivante (encore que le procès-verbal ne le mentionne pas), comme étant la resproduction littérale de l'article 1751 du code civil et présentant une utilité indiscutable.

33. — *Art. 274. (anc. 276).* — La Commission n'a formulé aucune observation en ce qui concerne la fixation à quatre vingt dix jours, tant par cet article que par l'article 279 *infrà*, du délai pendant lequel la publication d'un contrat de prêt dit à *court terme* peut, dans l'intérêt du crédit du débiteur, être momentanément différée ; mais les établissements financiers opérant en Cochinchine consultés ont été d'accord pour déclarer qu'il y aurait intérêt à doubler ce délai et à le porter à cent qua're vingts (180) jours, laps correspondant sensiblement à la période de préparation d'une récolte de riz.

On pourrait peut-être objecter que le prêt sur garantie immobilière est tout à fait différent du prêt sur récolte et que les cultivateurs indigènes peuvent trouver, notamment dans d'institution du crédit mutuel agricole, des facilités suffisantes pour qu'il soit inutile de modifier les conditions à imposer au bénéficiaire d'un prêt à court terme, dans le cas où l'inscription du droit doit être différée.

Cependant devant la concordance des avis donnés à ce sujet par les personnes les plus qualifiées par leur connaissance du côté pratique de la question, peut-être convient-il d'en faire état.

34. — *Art. 277. (anc.)* — L'article 277 tombe tout naturellement à la suite des notifications apportées à la règlementation du droit de nantissement immobilier.

35. — *Art. 290, 292 et 296 (anc. 293, 295 et 299).* — La Commission d'Hanoï a proposé un certain nombre de modifications dans la procédure organisée pour la vente par expropriation forcée des immeubles ; ces modifications, dictées par l'expérience de ses membres, sont intéressantes et doivent en conséquence être adoptées.

L'une d'entre elles, qui tend directement à mettre le nouveau texte en harmonie avec l'arrêté local du 16 mars 1910, organisant la procédure en matière indigène, — lequel prévoit un mode spécial de notification des actes de procédure — fait l'objet d'un article additionnel à insérer à la fin de la première section du chapitre, où il prend le numéro 307 (nouv.).

36. — *Art. 308 à 314 (anc. 310 à 316).* — La Commission d'Hanoi s'est rangée à l'avis de la Commission de Paris pour toutes les modifications de détail proposées par cette dernière.

37. — *Art. 316 (anc. 318).* — A l'occasion du nouvel examen des dispositions de cette dernière partie du projet, il est apparu qu'aucune d'entre elles ne réglait les conditions de publicité du droit du locataire d'un immeuble, droit personnel, il est vrai, non réel, mais d'une importance assez sérieuse cependant pour qu'il soit porté à la connaissance des tiers dès qu'il doit avoir une certaine durée.

L'article 316, dans sa nouvelle rédaction, serait donc complété par un alinéa supplémentaire étendant aux baux les prescriptions concernant la publicité des divers contrats constitutifs de droits réels.

Il est superflu de faire observer que des dispositions analogues se rencontrent dans les actes qui règlent l'organisation et le fonctionnement des systèmes de publicité réelle en vigueur dans les autres colonies (V. notamment décret du 24 juillet 1906, pour L'A. O. F., art. 106).

38. — *Art. 391 (anc.)* — La suppression de cet article, proposée par la Commission d'Hanoi, constitue l'une des modifications les plus importantes apportées au projet primitif.

Les raisons pour lesquelles le maintien du système hypothécaire français était prévu en faveur des justiciables de la loi française, — jusqu'au jour où ils réclameraient d'eux-mêmes l'application du nouveau régime à leurs biens, — ont été exposées (V. *Rég. propr. Indoch.* N° 342). Malgré cependant l'intention libérale dont ce maintien était le témoignage, ni l'une, ni l'autre des deux commissions ne crut pouvoir en accepter les conséquences.

La Commission de législation indochinoise jugea que la faculté de choisir entre les deux régimes ne pouvait être laissée aux ressortissants français que jusqu'au jour où, une première alinéation survenant, il deviendrait nécessaire d'assurer par les moyens légaux à la publication de la mutation.

La Commission locale voulut une solution plus radicale et proposa de rendre le régime du livre foncier immédiatement applicable à tous les propriétaires ou, plus exactement, — à toutes les propriétés sans distinction quant à la personnalité du détenteur actuel.

Cette dernière opinion est assurément préférable, dès l'instant que l'on croit pouvoir écarter le principe de l'adoption facultative ; il n'y a pas de raison, en effet, qui puisse justifier l'ajournement de la réforme à une date variable pour chaque immeuble, dès lors qu'à ces dates successives rien ne serait cependant modifié dans la situation juridique des immeubles, le droit de propriété passant simplement, sans altération ni changement d'aucune sorte, aux mains d'un nouveau titulaire.

Il n'est pas douteux, par contre, que le maintien du régime hypothécaire, même pour un nombre de propriétés allant chaque jour en diminuant, constituerait une gêne considérable et que l'avantage certain qu'il y a à arriver les plus tôt possible à l'uniformité complète de statut pour tous les biens immeubles compense amplement l'inconvénient d'ordre purement moral qu'il peut y avoir à imposer une réforme même bonne et à agir par voie d'injonction impérative là où la persuasion devrait suffire.

39. — *Art. 318. (anc 321).* — Une légère modification s'imposait pour substituer aux dates des arrêtés abrogés celle de l'arrêté unique aujourd'hui en vigueur.

40. — *Art. 319 (anc. 322).* — Il a été fait mention précédemment de la circulaire du 4 juillet 1922 par laquelle le Gouverneur de la Cochinchine avait signalé les causes de la situation fâcheuse de la propriété foncière dans la Colonie ; au nombre de ces causes, indépendamment de la tenue défectueuse des dia-bô, ce haut fonctionnaire indiquait en outre le défaut d'adaptation de la règlementation des concessions aux nécessités actuelles.

D'une part, en vertu de cette règlementation, il est délivré aux auteurs de demandes de concessions des récépissés extraits de registres à souche, reproduisant le contenu dès demandes, avec rappel des abornements sollicités, et, sur le vu de ces récépissés, les pétitionnaires, sans plus attendre, s'installaient et entamaient la mise en exploitation des terrains dont ils se considéraient comme d'ores et déjà propriétaires, allant même jusqu'à céder à prix d'argent leur droit cependant précaire et purement personnel.

D'une part, les résultats obtenus par les concessionnaires, — ou les acquéreurs à eux substitués, — ne faisaient que d'une façon fort irrégulière l'objet des constatations officielles qui devaient permettre d'arriver à la délivrance des titres définitifs.

Dans ces conditions, le régime des concessions, qui eût dû assurer une mise en valeur progressive et régulière des régions encore inexploitées du territoire de la Colonie, aboutissait en fait à la préparation de toute une série de difficultés et de conflits futurs entre concessionnaires provisoires de terrains situés dans une même région et insuffisamment délimités ou entre ces concessionnaires et le domaine.

Poursuivant l'idée dont s'inspiraient ses premières intructions, le signataire de la circulaire du 4 juillet 1922 a exprimé l'avis que l'on pouvait très utilement profiter de l'établissement d'un régime foncier nouveau comportant la détermination et la délimitation précises, tant physiques que juridiques, de chaque propriété immobilière, pour fixer, dès l'installation du concessionnaire, les bornes à la fois matérielles et légales du droit à lui conféré et prévenir, par ce moyen, toute source de conflit éventuel, soit avec l'administration, soit avec les particuliers.

Cette proposition est, certes, on ne peut plus judicieuse et l'on conçoit fort bien que, du moment où, par l'adoption d'une règlementation foncière plus perfectionnée, le Gouvernement se propose de mettre fin à l'insécurité et à l'instabilité qui caractérisent la possession des droits réels afférents à des immeubles depuis longtemps dans le commerce, il prenne les mesures appropriées pour éviter que ces mêmes dangers ne viennent atteindre les propriétés nouvelles naissant chaque jour à la vie juridique.

Le moyen est, d'ailleurs, assez simple.

L'art. 319. — (anc. 322). — du projet prévoit que les propriétaires fonciers dont les biens sont situés dans des provinces non encore ouvertes au nouveau régime pourront en requérir, à titre individuel et moyennant l'observation d'une procédure spéciale, l'application anticipée.

La Commission d'Hanoi avait été arrêtée un moment par l'étude de cette disposition ; le représentant du service du cadastre avait formulé certaines objections au sujet de son adoption, en faisant état de difficultés d'ordre technique, et avait proposé, en conséquence, de limiter l'application du nouveau régime aux seuls provinces complètement cadastrées. Mais il était absolument inadmissible, — et la Commission s'est rangée à cet avis, — que des arguments de cet ordre pussent justifier le rejet d'une proposition présentant, par ailleurs, une utilité certaine ; les difficultés d'ordre technique lorsqu'il s'en rencontre, doivent être résolues par des moyens appropriés qu'il appartient aux spécialistes de concevoir et d'exécuter, les travaux des techniciens ne constituant qu'un moyen pour parvenir à cette fin qu'est la réalisation de la réforme.

L'adoption facultative du régime par les propriétaires désireux de tirer de leurs fonds tout le profit et toute l'utilité possibles a donc été acceptée par la Commission et il suffira dès lors pour donner satisfaction aux desiderata exprimés par le Gouverneur de la Cochinchine, d'ajouter à cet article 319 un second alinéa spécifiant que la disposition dont s'agit sera *obligatoirement* appliquée dans tous les cas de constitution de propriétés nouvelles par voie de concession.

Il n'est pas sans intérêt de rappeler à ce sujet que, dans les colonies où a été organisé un service d'immatriculation des terres et de publicité réelle, la formalité initiale de l'immatriculation, facultative en principe, est obligatoire notamment dans le cas de concession de terrains domaniaux ; c'est évidemment ce même souci de sécurité absolue conférée à l'acquéreur d'une terre nouvellement appropriée qui a éveillé l'attention du législateur colonial dans les colonies de l'Afrique occidentale française et de Madagascar (V. décret du 24 juillet 1906, art. 5, 1° ; déc. du 4 février 1911 article 3, 1°).

41. — *Art. 322. (anc 325).* — Le projet initial spécifiait que l'emploi de conservateur de la propriété foncière serait rempli dans les différents bureaux par les « agents de l'administration « de l'enregistrement et des domaines déjà chargés de la conservation des hypothèques ». Cette disposition, qui tendait uniquement à assurer la réunion dans les mêmes mains des deux organes de publicité des droits réels, — condition essentielle pour supprimer toute complication dans l'établissement des livres fonciers, — a paru à certains membres de la Commission de nature à porter atteinte aux prérogatives du Gouverneur Général ; ce haut fonctionnaire a, entre autres attributions, celle d'organiser les services placés sous ses ordres, et, par l'adoption du texte proposé, il se verrait, pensait-on, dans l'impossibilité d'user, dans ce cas particulier, des pouvoirs à lui dévolus. Cette opinion est certainement excessive, car il est inadmissible que le Gouverneur Général puisse songer à confier l'exécution d'un service aussi spécial que celui de la tenue de livres fonciers à des agents qui n'auraient pas été préparés, par leur formation antérieure, comme le sont les agents de l'administration de l'enregistrement, à l'étude des actes et contrats, à l'examen et à l'appréciation de leurs clauses, et qui ne seraient pas, de ce fait, aptes à en reconnaître ou à en contester la valeur comme titres constitutifs de droits susceptibles d'être

insérés aux feuillets des immeubles intéressés ; il ne faut pas
perdre de vue que les conservateurs de la propriété foncière doivent, comme les conservateurs des hypothèques, desquels on exige
les mêmes garanties, être pécuniairement responsables de la validité des formalités accomplies par leurs soins, en sorte que l'on
conçoit difficilement que l'on puisse conférer ce titre à des agents
recrutés dans des conditions différentes.

Quoiqu'il en soit, et si ces arguments ne paraissent pas suffisants pour justifier le maintien de la première rédaction, on pourrait lui substituer la formule suivante : « A Saigon....... par le
fonctionnaire chargé de la conservation des hypothèques....; au
chef lieu de chacune..... par un fonctionnaire à la désignation du
Gouverneur Général de l'Indochine ».

42. — *Art.* 324 (*anc.* 327). — Sur l'observation du Directeur de
l'Administration de la Justice que les interprètes judiciaires n'a-
vaient pas à justifier de connaissances plus étendues que tous autres
interprètes des services publics, la rédaction du paragraphe I" de
cet article pourrait être modifiée comme suit : « ..... d'un ou plusieurs secrétaires interprètes assermentés. ».

Au sujet du paragraphe II, le représentant du service du cadastre a cru devoir faire des réserves, en demandant que le concours
des agents techniques soit assuré aux conservateurs par le moyen
d'une désignation spéciale, provoquée dans chaque cas où ce concours serait nécessaire, par une demande du fonctionnaire intéressé, au Chef de service du cadastre. Il n'est pas besoin d'insister
pour montrer combien ce procédé, qui obligerait les conservateurs
à formuler chaque jour des demandes nouvelles et à en attendre
la solution, subordonnée elle-même aux disponibilités en personnel
du service technique, serait préjudiciable à une marche régulière
des travaux de la conservation, où les formalités requises doivent
recevoir une exécution rapide.

La Commission s'est, d'ailleurs, abstenue d'émettre un avis sur
la question ; mais on ne voit pas en quoi le détachement à titre
permanent de géomètres du cadastre auprès des conservateurs im-
pliquerait une subordination désobligeante d'un service à l'autre. Une considération domine toutes les autres en pareil cas :
l'intérêt du public, auquel il convient de donner satisfaction dans
le plus bref délai possible.

43. — *Art. 333 (anc).* — Cet article, qui tendait uniquement à assurer l'exécution de l'ancien article 319, dont la suppression a été envisagée, doit disparaître avec lui. .

44. — *Art. 335 (anc. 339).* — La réorganisation du service de la Justice en Indochine rend nécessaire l'introduction de quelques modifications dans la rédaction d'une disposition dont l'objet reste exactement le même : faciliter l'exercice du contrôle de l'autorité judiciaire sur un service d'intérêt public.

45. — *Art. 338 et 339 (anc 342 et 343).* — Dès la première lecture, la Commission d'Hanoi avait cru pouvoir admettre que, sans abandonner le principe d'une marche parallèle des travaux d'établissement du cadastre parcellaire, d'une part, et des livres fonciers, de l'autre, on pouvait laisser en dehors du texte nouveau toutes les dispositions visant exclusivement l'exécution des opérations cadastrales, en s'en tenant, pour cet objet, à la règlementation existante, fondée sur des actes de l'autorité locale. Mais, à la suite d'explications à elle fournies sur la nécessité absolue de faire du bornage de chacune des unités foncières relevées au plan cadastral une opération d'un caractère contradictoire et d'une valeur définitive entre propriétaires voisins, elle revint sur sa première opinion et accepta le maintien de ces articles, indispensables pour régler en toutes ses parties la procédure d'enquête préalable à l'établissement des livres fonciers ; elle demanda toutefois que la rédaction en fût modifiée par la suppression de toute mention de textes locaux, auxquels, de ce fait, le législateur métropolitain paraîtrait apporter une confirmation implicite, s'opposant pour l'avenir à toute modification des dispositions étrangères à la question des livres fonciers.

Il a été tenu compte de ce désir et l'article 339 a été rédigé en termes généraux, sans aucun rappel de la règlementation antérieure.

46. *Art. 341 (nouveau).* — Au cours de l'enquête poursuivie postérieurement à la clôture des travaux de la Commission d'Hanoi, au sujet de l'utilisation possible des travaux exécutés à diverses époques par le service du cadastre, il a été signalé par le Chef de ce service dans la Colonie que les plans levés à une date un peu ancienne ne sont pas accompagnés des documents qui, actuellement, en constituent des annexes nécessaires ; que, pour ce motif et pour cet autre encore que les plans sont s'agit n'ont pas été tenus à jour après leur établissement leur utilisation pourra parfois présenter des difficultés. On a vu, en effet, un peu plus haut, l'importance du bornage contradictoire, qui assure la figuration sur les plans de toutes les parcelles sans exception, avec leurs limites exactes, reconnues et confirmées par les intéressés ; or, autrefois, il n'était pas question de bornage et l'observation de ces règles, pourtant essentielles, n'a été prescrite qu'à une époque relativement récente, depuis que les arrêtés locaux des 30 avril 1908, 8 décembre 1911 et 18 novembre, 1912, complétés par les instructions du 28 janvier 1914, ont institué, puis perfectionné la méthode des bornages généraux.

Dans ces conditions et pour éviter une réfection complète des plans anciens, — que certains prétendant nécessaire, — il semble que l'on pourrait s'en tenir à engager une procédure supplétive spéciale de bornage, en constituant, pour les villages intéressés, les commissions chargées des travaux énumérés à l'article 339, n° 3° et 4° : ces commissions, après avoir constaté, dans les limites de leurs attributions respectives, l'exactitude ou l'insuffisance du plan, en provoqueraient, s'il y a lieu, la rectification ou la mise à jour dans les formes prévues au même article 339, n° 5.

A cet effet, un article nouveau ainsi conçu pourrait être inséré à la suite de l'article 340 (ancien 344) — sous le n° 341 :

« Si, pour un ou plusieurs des villages de la province, dont le
« levé parcellaire aurait été effectué à une époque antérieure à
« l'institution dans la Colonie de la procédure de bornage général,
« règlementée à nouveau par l'article 339 ci-dessus, certains des
« documents annexes, procès-verbal de bornage, procès-verbal de
« la commission de contrôle, tableau indicatif, faisaient défaut,
« il serait procédé immédiatement et dans les formes et délais pré-
« vus audit article 339, à l'exécution des opérations omises, à l'ef-
« fet de donner à l'ancien plan, rectifié et complété s'il y a lieu,
« la valeur documentaire nécessaire pour fournir une base certaine
« à la revision des droits réels soumis à l'enquête ».

Cette addition n'a pas été soumise à la commission d'Hanoï, mais elle ne constitue qu'une modalité de la disposition que cette commission a définitivement adoptée pour la règlementation de la procédure de bornage et son insertion au texte du projet est indispensable pour les raisons indiquées plus haut.

47. — *Art. 343 (anc. 346).* — La Commission a été d'avis de compléter la publicité par une insertion dans un des journaux de langue annamite publiés dans la Colonie, en laissant au Gouverneur Général le soin de désigner ce journal.

48. — *Art. 353.* — *(anc. 355).* — La proposition d'addition formulée par la Commission de législation indochinoise et tendant à inviter les notables à s'entremettre pour obtenir un accord amiable entre compétiteurs indigènes a été considérée comme fort judicieuse par la Commission d'Hanoi qui l'a appuyée.

Il a semblé toutefois opportun d'en modifier un peu la rédaction, — question de pure forme, — pour mieux la rattacher aux deux alinéas entre lesquels elle doit se trouver intercalée.

La Commission a, d'ailleurs, approuvé la nouvelle rédaction.

49. — *Art. 356 et 357 (anc).* — Par suite de la suppression de l'article 319 (anc.), les dispositions qui avaient été prévues pour réglementer la soumission volontaire au nouveau régime, au cours de la procédure même d'établissement des livres fonciers dans une province, d'immeubles appartenant à des propriétaires de statut français, n'avaient plus de raison d'être et la section III du chapitre II du présent titre devait également disparaître.

C'est ce qu'a proposé la Commission d'Hanoi en faisant remarquer cependant que cette suppression des articles 356 et 357 entraine des modifications dans les dispositions des sections I et II du même chapitre ; les immeubles détenus par des français et soumis, du fait de leur retour sous l'empire de la loi commune, aux règles posées dans lesdites sections, peuvent être en effet, grevés de droits réels inconnus en droit annamite et il est indispensable que la purge de ces droits soit assurée au moyen de mesures appropriées.

Après étude de la question, il a paru que ces modifications consisteraient dans l'insertion, d'une part, à la section I, à la suite de l'article 345 (anc. 348), d'un article nouveau qui prendrait le numéro 346 et assurerait la révélation des hypothèques légales, d'autre part, à la section II, dans le texte de l'article 349 (anc. 351), d'un membre de phrase terminant l'alinéa 1°, B/, ainsi conçu : « y compris, en matière française, les bénéficiaires d'hypothèques légales. »

Cette double modification a reçu l'approbation de la Commission.

60. — *Art. 358 et 359 (anc. 362 et 363).* — Comme conséquence encore de la suppression de l'article 319 les articles 358 et 359 doivent être modifiés par la suppression, dans le premier, du paragraphe 3° et, dans le second, de l'alinéa final, les dispositions dont s'agit devenant sans objet dès l'instant que les immeubles détenus par des Français ne sont pas soumis à un régime spécial.

51. — *Art. 366 (anc. 370).* — Il a été exposé *supra*, à propos de l'art. 319 (anc. 322), que, pour éviter dans l'avenir le renouvellement des difficultés et conflits provoqués par l'attribution de concessions sur des terrains domaniaux dont la situation soit physique, soit juridique, n'avait pas été établi avec toute la précision voulue, le Gouverneur de la Cochinchine avait manifesté le désir de voir appliquer obligatoirement le régime créé par le nouveau texte à toute terre vacante faisant l'objet d'une demande de concession. A cet effet, l'article précité a été complété par l'addition d'un deuxième alinéa conçu dans le sens indiqué.

L'article 366 ayant pour objet de régler, avec ceux qui le suivent, la procédure spéciale au cas d'adoption anticipée du nouveau régime et se référant pour ce motif, à l'article 319, il était nécessaire de le compléter également en spécifiant que la demande d'admission au livre foncier d'une terre domaniale devra être faite par le représentant de l'administration intéressée et non par le demandeur en concession ; il est évident que le principe posé au début de l'article 366, qui veut que la procédure soit engagée par le propriétaire lui-même s'impose dans tous les cas ; il est non moins évident que le propriétaire du domaine, Etat, colonie ou commune, s'engagerait inutilement en consentant à aliéner son droit au profit d'un particulier avant d'en avoir fait consacrer, dans les formes légales, la valeur indiscutable et qu'ainsi, à aucun point de vue, on ne saurait concevoir que le demandeur en concession se substitue à l'administration dans l'introduction et la direction de la procédure.

C'est ce qu'a pour objet de régler l'alinéa final ajouté à l'article 366.

D'autres modifications doivent également être introduites dans la rédaction de ce même article.

En effet, toujours comme conséquence de la suppression de l'article 319 (anc.) tout le chapitre V du présent titre, relatif au cas d'adhésion au nouveau régime de propriétaires français après l'établissement des livres fonciers, — de même que, précédemment,

toute la section III du chapitre II du même titre, visant le cas
d'adhésion en cours de procédure, — doit disparaître.

Ses dispositions seraient remplacées, dans la mesure nécessaire,
d'une part, par les corrections indiquées suprà (n° 49 *in fine*), de
l'autre, et spécialement pour l'article 379 (anc), par des additions
au texte de l'article 366, inspirées également du souci d'assurer
la protection des droits des incapables par la purge des hypothèques légales non inscrites.

52. — *Art. 385 (anc. 393).* — La Commission a craint qu'une
interprétation inexacte du mot « intervention » employé à deux
reprises dans cette disposition ne se traduisît par des exigences ex-
cessives des conservateurs et la rédaction a été modifiée de manière
à ne laisser subsister aucun doute sur le sens de ce terme, qui
visait l'« intervention » au moment de la rédaction du contrat
et non de sa présentation à la formalité.

Il est évidemment préférable d'éviter toute difficulté de ce genre.

53. — *Art. 418 (anc. 426).* — Le procès-verbal de la 4° séance
de la Commission (31 janvier 1924) contient, au sujet de cet article, une appréciation qui semble fondée sur une erreur.

Le texte du projet initial prévoit le versement, pour la constitution du fonds d'assurance, d'une redevance fixe ou proportion-
nelle, qui accompagnerait le dépôt « de toute demande d'inscrip-
« tion de droits réels et de toute réquisition d'états ou de certifi-
« cats » ; or il suffit de se reporter à la partie du rapport explicatif
qui sert de commentaire au texte du projet pour se rendre compte
que, d'une part, il n'y est question que « d'une taxe, sorte de
« prime d'assurance, acquittée par les propriétaires auxquels l'im-
« matriculation sur les livres fonciers conférerait une situation
inattaquable » (V. *Rég. propr. Indoch.*, n° 363 et 376) ; que,
d'autre part, il est indiqué, comme tarif possible de la « taxe
« pour le fonds d'assurance », un droit, « pour chaque immatri-
« culation, sur la valeur vénale de l'immeuble immatriculé », de
0.10 o/o.

Comment, dans ces conditions, l'article 426 (anc.) se présente-
t-il sous la forme qu'il revêt au projet primitif ? Il y a là quelque chose d'inexplicable et d'inexpliqué. Aussi la Commission de
législation indochinoise avait-elle été frappée de ce défaut de concordance et sa proposition a pour effet évident de restituer le véritable texte, c'est-à-dire le texte tel qu'il doit être.

Dans ces conditions, l'observation de la Commission d'Hanoi, dictée par le seul désir de voir réduire au minimum, sinon de supprimer totalement, les frais d'immatriculation à la charge des parties, est inadmissible et l'on doit rejeter le texte du projet pour lui substituer celui de la Commission de législation.

54. — *Art. 419 et 420 (anc. 427 et 428).* — Tout procédé de gestion du fonds d'assurance qui garantit la conservation des deniers et leur emploi régulier peut être accepté.

Il avait semblé logique, les sommes encaissées à ce titre devant être déposées au Trésor, d'en confier la gestion au trésorier, sauf à lui adjoindre, pour l'étude des questions contentieuses, un conseil composé de fonctionnaires et de magistrats. Le système recommandé par la Commission de législation indochinoise offre évidemment les mêmes garanties, mais il a l'inconvénient de ne pas indiquer l'emploi à faire des fonds encaissés.

Il y aurait lieu, si cette suggestion est adoptée de compléter le premier alinéa de l'article 419, en spécifiant que les recettes du fonds d'assurance seront versées dans les caisses du trésorier.

55. — *Art. 428 (anc. 436).* — La Commission a émis l'avis que cet article n'a qu'un intérêt secondaire et le représentant du service du cadastre a demandé à cette occasion que la protection des bornes et signaux soit assurée dans la Colonie par des mesures plus énergiques que celles existantes et notamment par la promulgation des dispositions de la loi métropolitaine du 13 avril 1900.

Cette dernière observation montre qu'en l'état actuel de la législation locale, l'application, ordonnée par décret, de l'article 456 du Code pénal aux délinquants coupables de l'enlèvement ou du déplacement des bornes et signaux ne serait pas inutile, — au moins en attendant la mise en vigueur d'un texte spécial, — alors surtout que, ainsi qu'on l'a vu plus haut, le bornage préalable des propriétés à inscrire aux livres fonciers constitue une opération de toute première importance.

Pour ces motifs, la suppression de l'article 428, suppression sans intérêt d'aucune sorte, — il n'en résulterait pas même un allègement du texte — ne se justifierait pas.

56. — *Art. 429 (anc. 437).* — La rédaction de cet article serait modifiée dans le sens de la formule généralement adoptée pour les actes de l'espèce.

57. — *Art. 230 (anc. 438).* — Même observation que pour l'article précédent, le sens de la disposition n'étant, d'ailleurs, pas modifié.

58. — *Art. 430 (anc.).* — La réforme du texte local visé en cet article a été réalisée par un arrêté récent du Gouverneur général, portant la date du 18 février 1921, déjà cité au cours de ce rapport.

59. — *Art. 431 (nouv.).* — La Commission d'Hanoï a pensé qu'il était nécessaire d'ajouter un article additionnel prononçant l'abrogation expresse des dispositions du Code civil français qui se trouvent modifiées par celles du projet.

60. — Comme conclusion de l'examen ainsi poursuivi, au cours de quatre séances laborieuses, du projet d'acte constitutif du nouveau régime foncier proposé pour la Cochinchine, d'abord, puis, avec le temps pour l'ensemble de l'Indochine, le président de la Commission d'Hanoï, reprenant la question préjudicielle, qui avait été posée dès la première réunion, de l'opportunité de la réforme et de la valeur du principe même sur lequel elle était fondée, mit aux voix la proposition suivante :

Le projet, tel qu'il se présente à la suite des additions et modifications proposées par la Commission, est-il applicable à la Cochinchine ?

Convient-il de l'y appliquer ?

A la majorité de cinq membres contre trois, — majorité qui s'accrut d'une unité à la dernière séance, la question ayant été alors posée spécialement à un membre absent à la séance précédente, — la Commission répondit affirmativement.

Les trois représentants de la minorité demandèrent l'insertion au procès-verbal d'une note faisant connaître les arguments sur lesquels ils s'appuyaient pour repousser la réforme ; on peut voir, à la lecture de cette note que les arguments dont s'agit sont de bien faible valeur et que les quelques inconvénients que l'on prétend avoir à craindre du fait de l'abrogation de certaines dispositions de notre loi civile française ne sauraient entrer en ligne de compte si l'on fait état des avantages considérables que doit procurer, — sans vouloir pousser la discussion plus à fond, — le simple fait de l'unification de statut des biens immeubles, quels qu'en soient les détenteurs, et l'application uniforme d'un système de publicité réelle à tous les droits établis sur ces immeubles.

61. — La première critique est ainsi formulée :

« La réforme aboutit à infliger aux citoyens français, en terre
« française depuis soixante ans, un statut réel différent de celui
« de la métropole, ce qui est contraire au principe supérieur de
« l'égalité de traitement devant la loi. »

Il y a, dans cette proposition, une faute de raisonnement qui saute aux yeux. Le principe de l'unité de législation pour la France et ses colonies, — non seulement en matière réelle, mais en toutes matières, — s'il a figuré dans certaines de nos constitutions, celle de l'an III et celle de 1848, n'a rien d'absolu et, à l'heure présente encore, les lois métropolitaines doivent, sans exception, pour recevoir leur application aux colonies, faire l'objet d'une décision spéciale du législateur soit métropolitain, soit colonial.

Le principe de l'égalité devant la loi, que l'on invoque, serait violé si, dans la colonie, tous les citoyens français n'étaient pas régis par les mêmes textes, mais il ne l'est pas parce que le citoyen français résidant aux colonies ne trouvera pas, dans la législation locale les mêmes facilités ou les mêmes possibilités qu'en France.

Il suffit, pour montrer qu'il en est bien ainsi, de rappeler que notre code civil lui même n'a été déclaré applicable à la plupart de nos colonies, anciennes ou nouvelles, qu'avec des modifications plus ou moins importantes. Et quant aux lois subséquentes, constamment appliquées aux Français résidant en France, combien s'en trouve-t-il dont la promulgation incertaine aux colonies interdit aux Français d'outre mer — et de Cochinchine même, — de réclamer également le bénéfice (V. *Rég. propr. Indoch.* n° 5) ?

Mais, en formulant cette critique sous la forme de défense d'un principe, c'est en réalité l'une des institutions les plus discutées du droit français, l'hypothèse judiciaire, que les signataires de la note se sont appliqués à défendre et, par cela même, leur opposition est tout-à-fait inexplicable, car c'est, précisément, l'hypothèse judiciaire qui a provoqué, en Cochinchine, entre les propriétaires fonciers et leurs créanciers, les plus graves difficultés.

La possibilité même de l'application dans la Colonie des dispositions du Code civil qui régissent cette sûreté réelle toute spéciale a soulevé une série de questions.

Tout d'abord, le droit annamite ingorant l'hypothèque, les immeubles des propriétaires annamites étaient-ils susceptibles d'être frappés de l'hypothèque judiciaire ? Au profit d'un créancier français ? Au profit d'un créancier annamite ?

Pour chacune de ces réponses la jurisprudence a longtemps hésité et elle n'a guère été fixée définitivement que par un arrêt de la Cour de Cassation du 27 février 1911, déclarant que le jugement rendu entre plaideurs annamites, ayant contracté sous l'empire de la loi annamite, ne confère pas droit à l'hypothèque judiciaire (V. Rég. propr. Indoch. n° 40 et suiv.).

Et si, maintenant, les mêmes questions ne se posent plus, la solution qui leur a été donnée entraîne cette conséquence, non moins grave que l'incertitude antérieure : de deux créanciers, l'un français ou étranger assimilé, l'autre annamite sujet français, d'un même propriétaire foncier annamite, poursuivant tous deux leur débiteur devant le tribunal français, — lequel devra statuer, dans un cas, d'après la loi française, dans l'autre, d'après la loi annamite. — et obtenant tous deux, le même jour, une condamnation, le premier pourra, en faisant inscrire son hypothèque judiciaire, bénéficier d'un droit de préférence à l'encontre du second, auquel la loi refuse les mêmes moyens d'action.

Le principe invoqué au début de la note et d'après lequel les Français doivent jouir de droits égaux en tous pays ne se trouve-t-il pas, sinon violé absolument, au moins singulièrement froissé, lorsqu'on constate que le chetty, sujet étranger, jouit, en terre française, dans ses rapports avec un autochtone, d'une situation plus favorable qu'un Annamite, sujet français ?

Cette anomalie appelle une réforme, elle l'exige mais dans quel sens la réforme doit-elle envisagé ?

Est-il préférable de supprimer complètement l'hypothèque judiciaire ou de l'accorder au plaideur indigène ?

Il ne semble vraiment pas, en présence, des critiques sérieuses qu'a, dès son institution même et constamment depuis lors, soulevées l'hypothèque judiciaire, que cette extention soit désirable.

Il serait oiseux de reprendre dans ce rapport, — même pour répondre aux raisons données dans la note, — tous les arguments qui ont été accumulés pour combattre, soit théoriquement, dans les ouvrages de doctrine, soit pratiquement, dans les discussions au Parlement, une garantie dont le moins que l'on puisse dire est qu'elle constitue une prime injustifiée à l'âpreté du créancier et une atteinte grave au crédit du débiteur. Il suffira de remarquer

que les opinions prétendûment favorables au maintien de cette
garantie citées par les signataires de la note sont accompagnées
de restrictions : « L'hypothèque judiciaire doit être maintenue...
jusqu'à ce que l'on ait trouvé quelque chose de mieux. »

Or, il est incontestable que le projet de décret soumis à l'examen de la Commission renferme des dispositions de nature à
remplacer avantageusement l'hypothèque judiciaire. Par la combinaison des articles 287, 288, 295 et 398, le créancier non payé
à l'échéance peut, s'il est nanti d'un titre exécutoire, frapper d'in-
disponibilité aux mains de son débiteur, par un simple comman-
dement publié au registre foncier, les biens sur lesquels il entend
exercer son droit général de gage, ou même, si sa créance est chi-
rographaire, s'opposer, au moyen d'une prénotation insérée, sous
sa responsabilité, au même registre, à toute altération à son préjudice de la situation actuelle de l'avoir immobilier de son débiteur, pendant le délai nécessaire à l'obtention de la décision judiciaire qui lui permettra d'agir utilement.

On voit que la protection des droits du créancier sous ce régime
serait bien plus efficace encore que sous l'empire du régime
hypothécaire français, puisqu'elle peut être mise en mouvement
dès avant l'introduction de l'action en justice ; mais, en même
temps, elle est plus respectueuse aussi des droits des tiers, car
elle ne confère pas à celui qui en bénéficie, quand interviendra
le règlement du prix du gage réalisé entre les divers créanciers,
un droit de préférence sur ces derniers, dépourvus, comme lui,
de toute sûreté réelle concédée par le contrat d'obligation.

62. — La note des adversaires du projet qui reproche encore,
mais en quelques mots très brefs, de diminuer les garanties confé-
rées par l'hypothèque légale du code civil, laquelle porte sur la
généralité des biens du grevé et même sur les biens à venir

A cela il est aisé de répondre que la garantie que confère une
hypothèque spécialisée est probablement supérieure à celle qui
résulte d'une hypothèque générale, si l'on tient compte des facilités de renonciation que donne, au moins à la femme mariée,
la loi du 23 mars 1855, complétée par celle du 13 février 1889.

D'ailleurs, le système organisé par les articles 156 à 161 du
projet, convertissant l'hypothèque légale des incapables en une
hypothèque forcée, tend simplement à donner aux dispositions
du code métropolitain qui permettent au mari et au tuteur de
faire réduire et spécialiser le gage affecté à la garantie des créances

de leur femme ou pupille le caractère de règles de droit commun ; on ne saurait prétendre qu'elles soient sous cette forme plus défavorables aux incapables qu'elles tendent à protéger.

63. — Enfin la note fait grief au projet de supprimer les privilèges généraux, notamment celui des frais de justice ; il suffit, pour répondre à cette critique, de renvoyer ses auteurs à l'article 308 : les frais de justice faits pour parvenir à la réalisation de l'immeuble grevé et à la distribution du prix sont classés au premier rang des créances à comprendre dans l'état de distribution.

64. — La note se termine par quelques considérations d'ordre général, par exemple sur les dangers de la suppression de la possession et de la prescription, sur la nécessité de l'achèvement du cadastre avant toute tentative de réforme, sur l'adoption de quelques mesures considérées comme suffisantes pour déterminer une amélioration appréciable de la situation.

A cela on peut répondre, sur le premier point, que la possession est un fait, non un droit, et que la prescription constitue un procédé empirique pour mettre un terme à des conflits et à des compétitions impossibles avec un régime de publicité absolue ; sur le second point, que, si l'on n'utilise pas le cadastre pour la constitution des livres fonciers au fur et à mesure de sa confection, il perdra peu à peu faute d'une tenue à jour constante, une partie de sa valeur et ne pourra plus, finalement, fournir une base solide de travail ; sur le troisième point, que les remèdes proposés sont d'une insuffisance notoire, dès l'instant qu'ils laissent subsister la dualité des régimes fonciers et qu'ils n'auraient d'autre effet que de perpétuer, dans des conditions à peine modifiées, une situation dont le procès n'est plus à faire.

III

DE LA MISE EN APPLICATION DU NOUVEAU RÉGIME

65. — Ainsi que le prévoit l'article 320 du projet de décret qui vient d'être étudié, la création des bureaux de la conservation de la propriété foncière dans les diverses provinces demeurerait subordonnée à l'achèvement du cadastre dans chacune d'elles et devrait être décidée par un arrêté du Gouverneur de la Co-

lonie ; à chacun des bureaux créés devraient, en outre, être rattachées provisoirement les provinces voisines où le service ne fonctionnerait pas encore, pour permettre aux habitants de ces provinces de poursuivre l'application immédiate anticipée du nouveau régime à leurs immeubles.

L'organisation de ces bureaux serait confiée, suivant les cas, en conformité de l'article 322, soit aux conservateurs des hypothèques déjà en fonctions au chef-lieu de certaines provinces, soit à des fonctionnaires désignés par le Gouverneur général, qui seraient installés au chef lieu des provinces dépourvues de bureaux de conservation des hypothèques.

A l'heure actuelle, le cadastre est complètement terminé dans cinq provinces de la Colonie : Bêntrè, Cântho, Gôcông, et Soctrang ; il l'est en outre dans la ville de Saigon.

Aussitôt donc que sera intervenue une décision définitive touchant l'adoption du nouveau régime foncier et que le projet de décret préparé à cette fin aura été revêtu de la signature présidentielle, la mise en application pourrait en être poursuivie au chef lieu de la Colonie et dans les cinq provinces sus désignées.

66. — En procédant ainsi, cependant, il y aurait peut-être à craindre que chacun des agents chargés de la création et de l'organisation d'un des nouveaux bureaux ne procède, malgré la précision du texte organique lui même et des instructions qui devront être données pour son application, selon des idées et une méthode trop personnelles, au risque d'apporter ainsi un certain flottement dans l'exécution d'un service qui exigera une uniformité absolue dans toutes ses parties. Il pourrait arriver aussi que, pour ces mêmes causes et faute d'une coordination suffisante dans la préparation des travaux à poursuivre simultanément sur de multiples points du territoire, le chiffre des dépenses à engager se trouve abusivement accru.

Dans ces conditions, il paraîtrait opportun de procéder à une sorte d'expérience préliminaire, en limitant, au début, l'application du système à une partie des régions susceptibles d'y être dès maintenant soumises ; puis, par la suite, lorsqu'on se serait rendu un compte exact des difficultés à vaincre, des écueils à éviter, des précautions à observer, de la méthode en un mot à adopter, on pourrait entrer franchement dans la voie de la réalisation intégrale.

4

L'expérience en question devrait, en conséquence, être engagée dans les villes de Saigon et Cholon, d'une part, et dans la province de Cần-tho, de l'autre, par les soins des conservateurs des hypothèques de Saigon et de Cầntho.

Les avantages de ce mode de procéder sont évidents : non seulement il permettrait, comme il vient d'être dit, de se rendre compte des règles les meilleures à suivre dans la pratique et d'assurer ainsi, pour l'avenir, l'unité de méthode dans tout le service, mais il éviterait la création immédiate d'organes nouveaux et donnerait la possibilité d'échelonner les dépenses sur une plus longue période ; il laisserait, en outre, à l'administration, le cas échéant, la possibilité de constater sans retard l'insuffisance ou le défaut de telle disposition du texte législatif et d'en provoquer, s'il était nécessaire, la modification avant que l'application n'en ait été généralisée.

Même si cette suggestion était accueillie, d'ailleurs, il faut ajouter que, cependant, l'ouverture d'un bureau de la conservation de la propriété foncière devrait être ordonnée au siège de chacun des bureaux existants de la conservation des hypothèques, en vue de permettre aux habitants de toutes les parties de la Colonie de requérir l'application anticipée du nouveau régime à leurs immeubles ; mais, dans les deux seuls bureaux de Saigon et de Cầntho, s'ouvriraient les procédures d'ensemble en vue de l'établissement des livres fonciers des villes de Saigon et Cholon, d'une part, des villes et villages de la province de Cầntho, de l'autre.

67. — Quelle que soit, au surplus, la décision que l'on croirait devoir prendre au sujet de la méthode à adopter pour la mise en application du nouveau régime, il est un certain nombre de mesures à prendre immédiatement, les unes obligatoires, les autres facultatives.

Tout d'abord, et par application de l'article 428 du projet de décret, un arrêté du Gouverneur Général, dont le projet forme l'annexe C du rapport de 1912, doit régler les détails d'exécution pour les diverses parties du nouveau service.

En outre, un arrêté du Gouverneur de la Cochinchine doit fixer le tarif des droits et taxes à percevoir pour l'accomplissement des formalités constitutives du nouveau mode de publicité ; des indications assez précises ont été données sur l'importance respective des chiffres à prendre comme base rationnelle de ces droits

et taxes (*V. Rég. propr. Ind.* n° 44o). toute latitude étant, d'ailleurs, laissée à l'autorité locale d'en modifier le quantum.

En exécution de l'article 43o, le Gouverneur de la Colonie aurait
encore à pourvoir à l'installation, dans les villes de Saigon et de
Cholon, de notables qualifiés pour authentifier les actes passés
suivant les formes admises par la coutume indigène.

Il s'agit là, au premier chef, d'un acte qui intéresse l'organisation administrative du pays et dont l'élaboration, pour ce motif,
doit être laissée aux soins de l'autorité politique.

Enfin des arrêtés locaux devraient, en conformité des dispositions de l'article 3ao, fixer la date d'ouverture des bureaux de la
conservation foncière, dont la création immédiate serait jugée nécessaire, avec, pour chacun d'eux et suivant les cas, d'une part,
la nomenclature par cantons des villes et villages de la province
soumis obligatoirement au nouveau régime ; de l'autre, la nomenclature des provinces non encore pourvues d'un bureau propre
et rattachées provisoirement au bureau visé, en vue de l'application facultative du régime.

68. — Si, conformément aux propositions développées précédemment, il devait être procédé, à titre d'expérience, à une application immédiate du régime restreinte aux villes de Saigon et de
Cholon et à la province de Cantho, les arrêtés à intervenir
devraient contenir les dispositions essentielles ci-après :

1° — Ouverture à Saigon d'un bureau chargé de :

a) l'application obligatoire du régime à toutes les propriétés si-
tuées dans le périmètre des villes de Saigon et de Cholon ;
b) l'application facultative aux propriétés sises dans les provinces rattachées de Baria, Bienhoa, Giadinh, Tayninh, Thudau-
môt et dans l'Ile de Poulo-Condore ;

2° — Ouverture à Cantho d'un bureau chargé de :

a) l'application obligatoire du régime à tout le territoire de la
province de Cantho (avec indication détaillée par cantons des
villes et villages) ;
b) l'application facultative aux propriétés sises dans les provinces rattachées de Baclieu, Longxuyên, Rachgia et de Soctrang :

3° — Ouverture à Mytho et Vinhlong de bureaux chargés seulement, jusqu'à nouvel ordre, de l'application facultative du régime aux propriétés sises respectivement dans ces provinces mêmes et dans les provinces rattachées, savoir :

a) au bureau de Mytho : de Bêntrê, Gôcông, Tanan et Travinh ;

b) au bureau de Vinhlong : de Châudôc, Hatiên et Sadec.

Cette organisation, on le voit, n'entraînerait la création d'aucun bureau nouveau, puisque chacune des conservations de la propriété foncière se trouverait rattachée à une conservation des hypothèques déjà existante ; il suffirait d'affecter à chacun de ces bureaux le personnel auxiliaire ou secondaire prévu au décret, à savoir un géomètre et un interprète assermenté, en outre, pour les deux bureaux de Saigon et de Cântho, un nombre de secrétaires indigènes proportionné à l'importance du travail à exécuter.

69. — Spécialement, pour le bureau de Saigon, une autre mesure s'imposerait sans doute.

A l'heure actuelle, trois agents de l'administration de l'enregistrement se partagent, à Saigon, l'ensemble des attributions du service : tandis que les receveurs des 2° et 3° bureaux sont chargés respectivement, l'un de la perception des droits de mutation par décès, du domaine et de la curatelle, l'autre, de l'enregistrement des actes judiciaires, le receveur du 1ᵉʳ bureau a, pour sa part, l'enregistrement des actes civils et administratifs, la recette des divers impôts acquittés par les sociétés, la débite du timbre et la conservation des hypothèques. Cette répartition, établie sur des bases tout-à-fait défectueuses, demanderait dès maintenant à être revisée : le 1ᵉʳ bureau est infiniment trop chargé pour que la gestion en puisse être assurée dans de bonnes conditions par un seul comptable, même assisté d'un nombre point trop élevé d'auxiliaires ; la division, qui s'imposerait d'ores et déjà, ne pourrait plus être retardée au moment où serait entamée l'application du nouveau régime foncier.

Il semble, — on pensera peut-être que l'examen de cette question n'est peut-être pas absolument à sa place dans ce rapport, — que l'on pourrait envisager la réorganisation des bureaux de l'enregistrement à Saigon sur les bases suivantes :

1ᵉʳ bureau : Enregistrement des actes civils et administratifs
et recette des impôts dus par les sociétés ;

2° bureau : Enregistrement des déclarations de mutations par
décès ; domaine et curatelle ;

3° bureau : Enregistrement des actes judiciaires et timbre (magasin et débite) ;

4° bureau : Conservation des hypothèques et conservation de la
propriété foncière.

70. — Ce n'est qu'approximativement que l'on peut essayer
de déterminer l'importance du travail que doit représenter la création, d'abord, puis, par la suite, la tenue des bureaux de conservation de la propriété foncière.

La première période, au cours de laquelle s'accompliront les
opérations décrites aux chapitres II et III du titre II de la 3° partie
du projet de décret (articles 340 et 365) sera particulièrement laborieuse ; elle nécessitera l'étude attentive et la confrontation de
nombreux titres et documents concernant chacune des propriétés
soumises à l'enquête, la rédaction et la transmission d'un nombre
variable — suivant les régions et l'état de la propriété, mais toujours considérable, d'avis individuels et de notifications, de correspondances diverses, l'établissement, après l'expiration des délais de purge, des feuillets réels affectés à chaque immeuble individualisé et des titres et certificats à remettre aux propriétaires et
bénéficiaires de droits réels, enfin la constitution du répertoire
des titulaires de droits réels et de la table par bulletins mobiles
de ce répertoire. Cette première période durera vraisemblablement
deux années environ, pendant lesquelles, indépendamment du
travail d'établissement des livres fonciers, dont il vient d'être parlé,
le conservateur devra pourvoir encore à l'exécution des mesures
spéciales tendant à assurer la publication, dans l'ordre et suivant
le rang qui leur revient, des constitutions et transferts de droits
opérés en cours de procédure.

D'après les chiffres fournis par le service du cadastre, le nombre
des parcelles comprises aux levés exécutés s'élève :

Pour la ville de Saigon, à.................. 2.871
Pour la ville de Cholon, à............... 2.932
Pour la province de Can-
(tho (75 villages) à..................... 38.705

Il faut nécessairement tenir compte de ce que l'« unité foncière », dont la définition est donné par l'article 326 du projet
de décret et à laquelle doit être attribué un feuillet particulier du
livre foncier, est assez différente de la « parcelle ou unité cadastrale », telle qu'elle est définie par les articles 16 et suivants des
instructions du 28 janvier 1914 déjà mentionnées plus haut.

La « parcelle ou unité cadastrale », encore qu'elle elle doive avoir
« une existence juridique distincte », c'est-à-dire être « définie par
un titre de propriété ou par une inscription distincte du livre
foncier ou dia-bô », doit présenter « une même nature de culture »
(article 16) ; « il y a plusieurs parcelles lorsque les cultures contiguës sont d'une nature absolument distincte » (art. 17) et même
« une terre d'une seule nature de culture, appartenant à un même
propriétaire, mais divisée par une haie, un fort talus, un fossé
large et profond,.... forme autant de parcelles qu'elle renferme
de divisions » (art. 18).

L'« unité foncière », au contraire, peut être composée de plusieurs parcelles, pourvu qu'elles soient contiguës, qu'elles appartiennent au même propriétaire et n'aient pas une existence juridique distincte, c'est-à-dire soient soumises aux mêmes droits et
charges.

Il en résulte que le nombre des feuillets réels à ouvrir aux
nouveaux livres fonciers devra être sensiblement moins élevé que
celui des articles des dia-bô actuels et des parcelles figurées aux
plans cadastraux.

Quoi qu'il en soit, en adoptant le livre foncier de deux cents
feuillets, — chiffre à ne pas dépasser, si l'on veut avoir des volumes d'un maniement encore pratique, — il faut compter que
les deux bureaux de Saigon et Can-tho auraient un besoin immédiat, le premier de 30 volumes, soit 15 pour chacune des deux
villes de Saigon et de Cho-lon (la réforme ne devant être entamée
dès le début pour aucun des villages des provinces de Gia-dinh
et Cho-lon), le second de 200 volumes environ, à raison de 2 à 3
pour chacun des 75 villages de la province ; ce dernier chiffre est
certainement un maximum, car les 38 à 39.000 « parcelles cadastrales » signalées par le service technique ne doivent pas, après
le regroupement de celles d'entre elles qui ne répondent pas à la
définition de l'« unité foncière », exiger l'ouverture d'un nombre
aussi élevé de feuillets réels.

Il y aurait, en outre, lieu de pourvoir, chacun des bureaux ouverts, y compris ceux de Mytho et de Vinhlong, d'un certain
nombre, — à augmenter, le cas échéant, — de volumes destinés

à l'immatriculation des propriétés soumises volontairement au nouveau régime. En effet, pour que ces volumes puissent être, le moment venu, utilisés dans les conditions indiquées aux articles 370 et 371 du projet de décret, sans exiger un travail d'adaptation quelconque de la part du conservateur de la province auquel ils doivent être définitivement remis, il est indispensable qu'ils soient affectés chacun à un village distinct, les volumes ainsi commencés devant être ultérieurement employés à l'établissement des livres fonciers de ces mêmes villages, au jour où la procédure d'ensemble sera engagée.

71. — Il est évident que, durant cette première période, il faudrait mettre temporairement à la disposition des préposés chargés de la création des nouveaux bureaux et de l'établissement des livres fonciers des villes et provinces par voie de mesure d'ensemble un certain nombre de secrétaires indigènes supplémentaires, qui, après achèvement du répertoire, dernière opération de la période d'organisation, seraient affectés à un autre bureau ou service.

72. — Les livres fonciers une fois établis, l'exécution des formalités courantes pourrait être assurée avec le personnel normal d'un bureau d'enregistrement.

D'après la statistique fournie par le receveur conservateur au bureau de Cantho, la moyenne, pour les trois dernières années, des actes indigènes soumis à l'enregistrement donne :

725 ventes définitives d'immeubles ;
225 ventes à rachat (engagements d'immeubles) ;
150 rachats (libérations d'immeubles engagés).

Si l'on tient compte de ce que le nouveau régime doit être applicable à toutes les propriétés et de ce qu'ainsi aux actes indigènes, seuls visés dans la statistique, il y a lieu d'ajouter les contrats passés sous l'empire de la loi française ; de ce que, d'autre part, les conventions susvisées ne seraient plus les seules dont il y aurait à faire mention aux livres fonciers, puisque la publicité serait étendue notamment aux mutations par décès, on voit que l'organisation du nouveau service par province assurerait une répartition rationnelle du travail ; il est, du reste, à remarquer que cette divi-

sion existe déjà pour la tenue des dia-bô et qu'elle doit être maintenue afin d'éviter aux justiciables des déplacements trop onéreux.

Enfin il n'est pas inutile de rappeler que, dans le rapport de 1912,
l'attention de l'administration supérieure avait été attirée sur les
avantages que l'on pourrait attendre de la création de bureaux
provinciaux de la conservation foncière, les préposés de ce service
pouvant être chargés cumulativement de la perception des impôts
de l'enregistrement et du timbre et de la gestion du domaine dans
les mêmes circonscriptions (V. *Rég. prop. Indoch.* n° 286 et 287).

Dans cet ordre d'idées, on peut affirmer, sans crainte d'être dé-
menti par l'expérience, que des bureaux par provinces, constitués
sur la base de ceux actuels de Cantho, Mytho et Vinhlong, mais
avec des attributions plus étendues quant à leur nombre (gestion
de la conservation foncière et régie du domaine), mais plus res-
treintes quant à leur ressort (une seule province par bureau), assu-
reraient dans des conditions avantageuses à la fois pour le Trésor
et pour la population toutes les parties du service incombant nor-
malement à des agents détachés de l'administration métropolitaine des domaines.

73. — L'organisation générale du service étant ainsi réglée dans
ses grandes lignes, — il semble d'ailleurs difficile d'entrer dans
plus de détails jusqu'à ce que l'expérience ait permis d'apprécier
la valeur des dispositions du texte organique proposé, — il resterait à étudier et à arrêter la forme à donner aux livres fonciers,
aux titres et certificats, aux registres annexes et documents de
toute nature nécessaires pour l'exécution matérielle du travail.

Cette étude pourrait, d'ailleurs, être largement facilitée par la
recherche et l'examen des précédents. Sans doute les modèles de
dia-bô actuellement en usage doivent être écartés, comme absolument insuffisants ; il en va de même des types de livres fonciers
et titres de propriété conçus autrefois par M. SCHREINER (V. *Rég.
propr. Indoch.* n° 110), que l'on ne saurait songer à mettre en service, à moins de leur faire subir une transformation radicale.

Mais, par contre, et bien que le système foncier établi dans les
colonies de l'Afrique occidentale française soit fondé sur certains
principes assez différents parfois de ceux qui, — pour l'adaptation
exacte de la législation aux usages et aux besoins de la population,
— ont été admis comme base du régime proposé pour les pays
d'Indochine, ou pourrait, semble-t-il s'inspirer utilement des modèles et formules créés pour l'application du décret du 24 juillet

1906 ; un certain nombre d'entre eux pourraient certainement être adoptés, moyennant que l'on y apporte les changements nécessités par la différence des textes législatifs.

La nomenclature des registres et imprimés à utiliser pour le service de la conservation semble devoir être arrêtée comme suit :

1° — Livre foncier ;

2° — Registre d'ordre des procédures de revision des anciens livres fonciers (dia-bô) — Art. 332 a/1° ;

3° — Registre d'ordre des formalités préalables à l'immatriculation — Art. 366 et suiv. ;

4° — Registre des déclarations et oppositions — Art. 332 a/2° et 351 ;

5° — Registre des dépôts d'actes à inscrire — Art. 332 b/3°, 354 et 391 ;

6° — Répertoire des titulaires de droits réels — Art. 332 c/4° ;

7° — Bulletin mobile (Table du répertoire) — Art. 332 c/4° ;

8° — Chemise de « Dossier d'immeuble » — Art. 331 ;

9° — Chemise de « Pièces de la procédure de revision » — Art. 331 ;

10° — — « Bordereaux analytiques » Art. 331 ;

11° — — « Actes et documents justificatifs des mentions » — Art. 331 et 396 ;

12° — Procès-verbal de bornage — Art. 339 3° ;

13° — Procès-verbal des opérations de la Commission de contrôle — Art. 339 4° ;

14° — Tableau indicatif — Art. 339 5° ;

15° — Convocation aux notables et chefs de quartiers — Art. 342 ;

16° — Avis d'ouverture d'enquête (pour insertion) Art. 343, 1er al. ;

17° — Avis d'ouverture d'enquête (pour affichage) Art. 343, 3e al. ;

18° — Bulletin d'envoi desdits avis et certificat d'affichage — Art. 343, 3e al. ;

19° — Réquisition d'états sommaires des inscriptions et transcriptions — Art. 344 ;

20° — Etat sommaire en forme de tableau des inscriptions et transcriptions — Art. 344 ;

21° — Avis individuel — Art. 345 ;

22° — Notification d'avis individuel — Art. 347 et 352 ;
23° — Notification d'opposition — Art. 352 et 368 ;
24° — Avis aux notables aux fins de conciliation — Art. 353 ;
25° — Réquisition d'immatriculation — Art. 366 ;
26° — Extrait de réquisition (pour insertion) — Art. 367 ;
27° — Extrait de réquisition (pour affichage) — Art. 367 ;
28° — Bulletin d'envoi et certificat d'affichage — Art. 367 ;
29° — Titre foncier — Art. 361 ;
30° — Certificat d'inscription — Art. 361 ;
31° — Bordereau analytique — Art. 331 2° ;
32° — Récépissé de pièces — Art. 383 ;
33° — Notification et sommation — Art. 394 ;
34° — Réquisition (à fin de délivrance d'état ou certificat) — Art. 407 ;
35° — Registre-journal des recettes et des dépenses ;
36° — Registre de décompte des frais et salaires ;
37° — Registre carnet de règlement ;
38° — Registre de comptabilité des opérations de recettes et de dépenses.

Il est superflu de faire observer que, pour les mod. 12°, 13° et 14°, *Procès-verbal de bornage*, *Procès-verbal des opérations de la commission de contrôle et Tableau indicatif*, il y aurait lieu de conserver autant que possible les formules déjà en service.

74. — Le « *Livre foncier* », mod. n° 1°, et le « *Titre foncier* », mod. n° 29, constituant la partie essentielle, le fondement même de tout système, il est du plus haut intérêt qu'ils répondent exactement aux conditions posées dans le texte organique. Pour ce motif, on pensera sans doute que les explications qui précèdent ne seraient pas complètes si elles n'étaient accompagnées de propositions précises concernant la forme matérielle à donner à ces documents ; on trouvera donc ci-joint le modèle du feuillet réel qui doit, avec quelques modifications de détail, servir également de modèle pour le titre foncier.

Les différences entre eux se trouvent toutes réunies dans la partie supérieure de la feuille de gauche, le feuillet réel étant établi à feuille ouverte.

75. — Lorsqu'il devra être procédé à l'établissement des livres fonciers par voie de mesure d'ensemble, les feuillets réels afférents

à toutes les parcelles du territoire de chaque village devront être ouverts dès l'achèvement des délais de purge des droits réels (art. 355), alors même qu'il y aurait lieu de surseoir à l'insertion des mentions relatives à des droits contestés ; mais seuls les feuillets réels où toutes les mentions requises auraient pu être inscrites seraient tenus pour complets et définitivement arrêtés (art. 358) ; quant aux autres, ils seraient émargés d'une annotation spéciale (art. 359) , qui les laisserait en suspens jusqu'au jour où les droits en litige auraient fait l'objet d'une décision judiciaire en fixant le sort (art. 357). En outre, tant que les feuillets réels n'auraient pas été arrêtés définitivement, il ne pourrait être délivré ni titre foncier au propriétaire, ni certificats d'inscription aux titulaires de droits réels (art. 361).

Par ailleurs, on a vu que dans le cas de nantissement sur titre ou d'hypothèque garantissant un prêt à court terme, l'inscription pourrait être différée (art. 274 et 279) moyennant l'exécution de certaines formalités dont il devrait être fait mention au feuillet réel, dans un cadre spécial, sans que cette mention soit reportée sur le titre foncier (art. 399) ;

Il serait donc nécessaire de réserver au feuillet réel :

1° — Un espace libre pour recevoir la mention des droits litigieux dont l'inscription est réservée et la formule d'arrêté lorsque toutes les inscriptions ont pu être faites ;

2° — Un cadre destiné à la mention des inscriptions différées de droits accordés pour la garantie de prêts à court terme,

Sans que la même disposition se trouve répétée au titre foncier.

A cet effet donc, la partie supérieure de la feuille de gauche du feuillet pourrait comporter :

a) Sur la gauche, un cadre pour la mention provisoire des inscriptions différées ;

b) Dans la partie centrale, au bas du cadre de la Section I, un tableau des mentions de droits litigieux réservées et la formule d'arrêté du feuillet réel.

Sur le titre foncier, cette même partie supérieure de la feuille gauche comporterait :

a) A la place du cadre pour la mention des inscriptions différées, une formule constatant la délivrance du titre au propriétaire ;

b) Le cadre de la Section I se trouvant réduit par la suppression de toute la partie affectée, sur le feuillet, aux mentions réservées et à la formule d'arrêté, des indications placées au-dessus de ce cadre et faisant ressortir les noms des colonie, province et village. ou ville où se trouve l'immeuble.

Quant aux cadres des autres Sections du feuillet réel, elles seraient identiques sur le Livre foncier et sur le Titre foncier.

ANNAM & TONKIN

(Concessions françaises)

DE LA MISE EN APPLICATION DU NOUVEAU RÉGIME

76. — Il a été expliqué, au rapport de 1912, pour quels motifs il semblait possible et opportun d'étendre immédiatement aux trois concessions françaises d'Hanoi, Haiphong et Tourane le régime proposé pour la Cochinchine ; il s'agit de territoires d'étendue restreinte sans doute, mais sur lesquels les droits conférés à la France sont exactement les mêmes que ceux qui lui appartiennent sur la terre de Cochinchine, et puisque le but final entrevu est l'unification future du régime foncier dans les diverses parties de l'Union indochinoise on conçoit qu'une même législation soit dès à présent appliquée à celles d'entre elles dont le régime politique est le même.

Par une application logique de ce principe, il eût même été proposé de ne demander au législateur colonial qu'un seul acte commun si, en raison de la survivance en Cochinchine, avec les transformations que l'on a vues, — de l'ancien dia-bô annamite, à peu près introuvable aujourd'hui dans les villages et surtout dans les villes de l'Annam et du Tonkin, il n'avait fallu prévoir une procédure quelque peu différente pour la création de nouveaux livres fonciers dans les provinces cochinchinoises et dans les concessions du nord de l'empire.

C'est donc simplement dans la rédaction de la *Troisième partie* du texte, celle qui traite de la « Conservation de la propriété et des autres droits réels immobiliers », que les deux projets destinés à la Cochinchine et aux concessions françaises de l'Annam-Tonkin diffèrent l'un de l'autre. Quant aux deux premières parties, « Constitution de la propriété » et « Acquisition et transmission de la propriété » elles sont, dans le second acte, réduites à un simple renvoi aux parties correspondantes du premier, en sorte que toutes les modifications proposées au présent rapport pour ce dernier, dans la mesure où elles seraient maintenues, se trouveraient *ipso facto* apportées à l'autre projet. Il est, en conséquence, tout à fait inutile d'en reprendre l'étude détaillée.

77. — Il a été procédé, d'ailleurs, à une revision des dispositions de la troisième partie de ce second projet, en vue de la mettre en harmonie avec l'ensemble du texte et, dans ce but, d'y apporter les changements qui s'imposaient pour rétablir l'accord entre les deux actes.

C'est ainsi que le caractère obligatoire du nouveau régime, pour tous les éléments de la population sans distinction, a été consacré par la suppression des articles 5, 17, 39 & 40, du dernier alinéa de chacun des articles 44 et 45, ainsi que des articles 52 à 55 du texte de l'annexe I.

C'est ainsi encore que de nouvelles dispositions ont été ajoutées à la *Section I du Chapitre I du Titre II*, à la suite de l'article 29 du même texte, pour permettre la purge, en ce qui concerne les biens appartenant à des propriétaires français, des hypothèques légales qui peuvent les grever et au *chapitre additionnel* final, à la suite de l'article 59 pour prévoir l'habilitation d'autorités à désigner, chargées de conférer l'authenticité aux actes passés en la forme coutumière annamite.

C'est ainsi enfin qu'une organisation différente a été prévue pour la gestion du fonds d'assurance commun aux trois concessions, sur le modèle de celle proposée pour la Cochinchine.

78. — Les trois bureaux d'Hanoi, Haiphong et Tourane pourraient et devraient être ouverts dès la promulgation du texte organisant le régime de la propriété foncière dans les concessions ; d'une part, les fonctionnaires qui auraient à en assurer l'application sont déjà sur place et les dépenses que nécessiterait la désignation des quelques auxiliaires permanents à leur adjoindre seraient certainement peu élevées ; d'autre part, il ne faut pas perdre de vue que, de tout temps, on a demandé au Tonkin, l'établissement d'un système de conservation de la propriété immobilière basé sur les principes de l'Act Torrens (V.*Rég. prop. Indoch.* n° 229 et suivants) et que le projet proposé apporterait, en fait, aux propriétaires fonciers les mêmes commodités et garanties qu'ils croient trouver dans les dispositions du texte préconisé par eux.

L'exécution du travail matériel d'organisation ne semble pas
d'ailleurs, devoir présenter des difficultés considérables : le nombre
des propriétés existantes, privées ou publiques, qui n'excède pas
trois mille pour Haiphong, est probablement un peu plus élevé
pour Hanoi ; il n'atteint pas un millier pour Tourane ; c'est donc,
pour chacun des bureaux, un nombre de volumes de deux cents
feuillets variant entre 5 & 20 qu'il faudrait remplir, ce qui n'exi-
gerait pour la période de début, c'est-à-dire pour deux ans environ,
qu'un supplément de personnel auxiliaire limité.

79. — Une fois les livres fonciers établis, le nombre des formalités à donner serait sans doute plus élevé que celui des formalités
hypothécaires actuellement requises, puisque la publicité est exigée
pour tous les faits et conventions intéressant la propriété et les
droits immobiliers, mais il resterait encore dans des limites telles
que l'organisation des bureaux n'aurait pas à subir de modifications bien importantes.

80. — Il va sans dire que les modèles de registres et imprimés à
adopter devraient être les mêmes que pour la Cochinchine, dès
l'instant que la législation à appliquer serait la même.

ANNAM TONKIN

I

DES CHANGEMENTS SURVENUS DANS LA POSITION
DE LA QUESTION

81. — Si, pour les parties de l'Indochine dont il a été question jusqu'ici, les propositions qui servaient de conclusion au rapport de 1912 n'ont été que fort peu modifiées, et les modifications ne portent, d'ailleurs, que sur des points de détail, il n'en sera pas de même en ce qui concerne celles qui visent les régions de l'Annam et du Tonkin maintenues sous le régime du Protectorat.

Ces propositions premières étaient fondées sur l'adoption préalable de deux principes nouveaux à faire consacrer par le souverain, à savoir :

1° — Le droit, accordé aux Français par les actes en vigueur, d'acquérir des propriétés dans toute l'étendue du territoire serait concédé aux étrangers, sous les mêmes conditions ;

2° — Les immeubles acquis par des Français — et également, pour l'avenir, par des étrangers — et soumis, par voie de conséquence, au régime de la loi française ne pourraient plus, même au cas de rachat par des Annamites, revenir sous l'empire de la loi annamite.

Il ne parait plus possible aujourd'hui, pour les raisons qui vont être exposées, de continuer à réclamer la consécration de cette double innovation.

82. — La question du droit pour les étrangers d'acquérir et de posséder des biens en pays annamite parait assez confuse et, peut être même, l'a-t-on compliquée, en prétendant, à diverses reprises, y porter la lumière.

Lors de l'enquête de 1911-1912, il n'avait pas paru nécessaire de faire plus que de rappeler la prohibition d'ordre général qui en constituait le principe même, dès l'instant où des propositions étaient faites en vue d'instaurer un régime de liberté complète. La Guerre de 1914-1918 en faisant apparaître les dangers d'un accaparement possible et plus ou moins systématique de la propriété immobilière par des étrangers, sur certains points du territoire ou dans certains centres commerciaux, oblige actuellement l'administration à envisager le problème d'un point de vue différent et, par suite à en examiner les données avec plus d'attention.

Il n'est pas contestable que le gouvernement annamite a toujours dénié le droit aux étrangers, européens ou asiatiques, de posséder des immeubles sur le territoire de l'empire. Cependant, s'il y a accord à peu près complet pour admettre l'existence de cette règle en ce qui concerne les européens et la majeure partie des asiatiques certains ont voulu soustraire à son application les Chinois, les uns, en affirmant que les Annamites ont toujours considéré ces derniers comme « leurs frères aînés », les autres, en s'appuyant sur l'article 4 de la convention commerciale de Tien-Tsin du 25 avril 1886, entre la France et la Chine, aux termes duquel il était convenu que « les Chinois auront le droit de posséder des terrains « d'élever des constructions, d'ouvrir des maisons de commerce « et d'avoir des magasins dans tout l'Annam..... »

A cela les partisans de la thèse contraire opposent d'une part — mais la réplique, comme l'argument, du reste n'a que la valeur d'un mot — que les Chinois et les Annamites étaient au moins des frères ennemis ,ceux-ci redoutant fortement ceux-là et, d'autre part, que l'engagement pris au nom de la France de tolérer l'installation des Chinois dans tout l'Annam, dès 1886, ne pouvait guère conférer un droit vraiment efficace à ces derniers alors que par l'effet du traité de Hué du 6 juin 1884, le droit « d'acquérir des biens meubles et immeubles et d'en disposer » n'était accordé aux « citoyens et protégés français » eux-mêmes qu'au Tonkin et « dans les ports ouverts de l'Annam ». Le représentant de la France aurait-il pu valablement disposer en faveur d'étrangers d'un droit qu'il était dans l'impossibilité de revendiquer pour ses nationaux ?

Ce n'est, en réalité, — si l'on met de côté la question toute spéciale des droits conférés aux évêques et missionnaires tant espagnols que français, en même temps qu'aux prêtres annamites, par l'article 9 du traité de Saigon du 15 mars 1874, — ce n'est que par voie d'ordonnances du Souverain de l'Annam qu'a été effective-

ment et valablement accordé aux Français — et aux Français seulement — le droit d'acquérir des biens et d'en disposer « dans les
conditions prévues par la loi française » d'abord comme l'avait
spécifié le traité de 1884, « sur les territoires du Tonkin et des
ports ouverts de l'Annam » (ordonnance du 27 septembre 1897) ;
il est notoire, au surplus, qu'il n'existe aucun acte du même genre
concédant les mêmes avantages à d'autres étrangers et notamment
aux Chinois.

83. — Pourtant les opinions les plus diverses, et même les plus
contradictoires, ont été exprimées lorsque, à diverses reprises, la
question a été posée. Tandis que, dans deux notes conçues dans un
sens identique, des 5 juin et 20 août 1920, adressées respectivement au Résident Supérieur en Annam et au Gouverneur Général
de l'Indochine le Directeur de l'Administrateur Judiciaire LENCOU-
BAREME émettait l'opinion, appuyée d'arguments qu'il serait trop
long de rapporter ici, que tous les étrangers assimilés aux Français
et tous les asiatiques assimilés aux Annamites, y compris les Chinois, peuvent prétendre à l'exercice du droit de propriété sur les
immeubles dans toutes les parties de l'Annam et du Tonkin — dans
une réponse en date du 11 septembre 1923 à une demande d'avis
émanant du Résident supérieur à Hué, sur un cas particulier d'acquisition de terrain en Annam par un Italien, le Directeur de l'Administration Judiciaire HABERT, après avoir constaté que « l'apti-
tude de l'étranger à être propriétaire n'est pas admise par la
législation de l'empire d'Annam » et qu'« aucune convention avec
l'Italie n'est intervenue en la matière », concluait à l'incapacité
d'ordre public, donc absolue », pour cet étranger de jouir du droit
de propriété sur des immeubles sis en territoire annamite.

La lettre de ce haut magistrat se terminait par ces mots : « Et
« ce n'est pas la qualité de français du vendeur qui pourrait lui
« enlever ce caractère »

Cette observation finale renfermait une allusion à une opinion
intermédiaire assez curieuse, soutenue quelquefois.

L'étranger autre que le Français, explique-t-on, ne peut acquérir
des biens immeubles en Annam, mais le Français, qui en possède,
exerce la plénitude du droit de propriété dans le sens de la loi
française et, sous peine de voir restreindre arbitrairement son
droit, il peut légitimement vendre à un tiers quelconque, même
étranger.

On a été jusqu'à qualifier ce genre d'opération, que l'on appelle une « acquisition indirecte » et on la considère comme licite, à l'inverse de l'« acquisition directe » par un étranger d'un Annamite.

La condamnation de cette thèse — de conciliation — se trouve formulée dans la lettre précitée du Directeur de l'Administration Judiciaire :

L'interdiction de posséder la terre édictée en France ou hors de «France contre certaines catégories de personnes physiques ou mo-« rales, contre telles associations religieuses ou civiles, contre les « étrangers etc.... sont du domaine de *la lex rei sitae* comme étant « inspirée par l'intérêt général. Toutes ces dispositions ont pour « raison d'être l'utilité — bien ou mal comprise — de l'État qui « les a mises en vigueur sur son territoire : nos nationaux en pays « étranger, pas plus que les étrangers en France ne pourraient « recuser leur empire ».

84. — C'est évidemment à cette conclusion qu'il faut se rallier.

La même opinion a, d'ailleurs, été défendue à diverses reprises par des fonctionnaires de l'ordre administratif, notamment par le Résident supérieur p. i. en Annam TISSOT dans un rapport en date du 21 avril 1921, adressé au Gouverneur Général, rapport au cours duquel ont été exposés avec une grande clarté les arguments qui en justifient l'adoption et formulées des propositions motivées au sujet des mesures à prendre pour l'avenir.

Ces suggestions n'ont pas été suivies d'effet.

85. — Ainsi, quelque simple qu'elle paraisse, la question de la propriété des étrangers en Annam reste encore en suspens et la discussion continue. Actuellement même, elle doit faire l'objet d'une étude de la part du Comité de l'Indochine, qui l'avait inscrite à l'ordre du jour de sa séance du 11 janvier dernier et qui a confié à une commission le soin de faire rapport et de présenter des conclusions (1).

Elle ne se présente plus, cependant, aujourd'hui sous le même aspect qu'autrefois : elle n'intéresse plus exclusivement certaines de

---

Note. — (1) Rapport de MM. DUMESTRE, DE LASSALLE ET SAMBUC présenté au Comité le 24 juin 1924. *Paris Imp. Dubois et Bauer.* (Note de l'éditeur).

nos possessions d'Indochine et dans la métropole même, un projet de loi a été soumis au Parlement, tendant à faire règlementer le droit, pour les étrangers, d'acquérir des biens immobiliers en France ; ce projet a été voté en première lecture par la Chambre des Députés le 8 novembre 1922.

La solution simpliste proposée au rapport de 1912 à savoir la levée pure et simple de l'interdiction, qui devait, d'une part, assurer la régularisation des acquisitions faites sans droit jusqu'à ce jour et, d'autre part, favoriser la réalisation des opérations futures, ne peut plus être admise sans avoir été examinée à d'autres points de vue.

Le côté politique de la question est certainement dominant et, pour ce motif, c'est à l'autorité gouvernementale qu'il appartient d'y répondre : le projet d'ordonnance annexe G du premier rapport est donc retiré.

86. — La seconde question se rattacherait presque à la première en ce sens qu'elle est soulevée par l'interprétation des dispositions des ordonnances de 1888 et 1897, règlementant le droit de posséder accordé aux Français et que précisément, c'est une interprétation inexacte de ces actes que l'on invoque pour justifier le procédé contesté de l'« acquisition indirecte ».

Le texte du traité du 6 juin 1884 portait, en son article 13 : « Les citoyens ou protégés français pourront........... acquérir des biens meubles et immeubles et en disposer ».

Celui de l'ordonnance du 1er octobre 1888 ajoutait en son article 1er :

« Les citoyens et protégés français qui acquerront des biens........ « en auront........ l'entière propriété dans les conditions prévues « par la loi française...... » •

Enfin, celui de l'ordonnance du 27 septembre 1897 spécifiait également en son article 1er :

« Les biens acquis par les citoyens et sujets français......... leur appartiendront en toute propriété..... »

En sorte que l'on semblait n'avoir jamais envisagé que les seuls actes d'acquisition en pleine propriété des parcelles du sol annamite, tous autres contrats constitutifs ou translatifs de droits réels restant en dehors de la règlementation.

Partant de cette donnée initiale, certains esprits allaient jusqu'à considérer que les parcelles ainsi acquises étaient en quelque sorte détachées du territoire de l'empire pour devenir terre française, d'où cette conséquence qu'étant définitivement soustraites à la souveraineté de l'Empereur d'Annam, le propriétaire français avait la faculté d'en disposer en faveur d'étrangers. On a vu à quelles objections capitales se heurte cette opinion.

87. — Sans aller aussi loin et même en reconnaissant que les immeubles acquis par des Français dans les régions visées de l'Annam et du Tonkin n'en restaient pas moins partie intégrante du territoire de l'empire, le rapport de 1912 admettait que ce sont cependant les immeubles eux-mêmes qui, du moment que les conditions spéciales imposées par l'acte règlementaire du représentant de la puissance protectrice avaient été remplies, se trouvaient désormais soumis à la législation française. Aussi, considérant qu'il y avait danger pour tous les titulaires de droits réels acquis sous l'empire de la loi française, à laisser ces immeubles retomber sous l'empire de la loi annamite, au cas de revente par le propriétaire français à un autochtone, le même rapport concluait-il à l'adoption d'un projet d'ordonnance de l'Empereur (annexe II), maintenant sous la juridiction française tout immeuble passé, du fait de son acquisition par un non-annamite, sous l'empire de la loi française.

88. — L'inexactitude de cette opinion a été révélée par un arrêt de la 1ʳᵉ Chambre de la Cour d'appel de Saïgon, en date du 29 décembre 1922, à l'occasion d'une procédure de saisie réelle engagée par une société française, bénéficiaire d'un droit d'hypothèque conventionnelle sur un immeuble sis en territoire annamite, contre son débiteur et le précédent propriétaire de l'immeuble, vendeur sous pacte de réméré.

Cette décision qui paraît être la première dans laquelle ait été examinée la portée exacte des ordonnances des 1ᵉʳ octobre 1888 et 27 septembre 1897, contient les motifs suivants :

« Considérant que, suivant procès-verbal du 5 janvier 1922, la SOCIÉTÉ DE BARTHÉLEMY DE POURTALÈS, ayant son siège en Annam,
« avait fait saisir divers immeubles en nature de rizières, situés au
« village de Cau-Loi dans la province de Nha-trang (Annam) ap-
« partenant à charge de réméré à NGUYÊN-THUC-HOANG, dont elle
« était créancière.

« Qu'elle basait son action contre le tiers détenteur indigène,
« Nguyên-dinh-Van, des immeubles saisis, sur une inscription d'hy-
« pothèque conventionnelle prise contre Nguyên-thuc-Hoang, son
« débiteur, résultant d'une obligation hypothécaire passée au pro-
« fit de la dite société en l'étude de M⁰ Gicon-Papin, notaire à Sai-
« gon, le 21 août 1911 enregistrée :

« Que cette inscription d'hypothèque, prise à Saigon le 24 août
« 1911, avait été renouvelée le 27 juillet 1921 ;

« Considérant que la Société appelante soutient que son notaire
« ni elle même n'avait d'autres obligations, pour sauvegarder
« les droits réels servant de gage au prêteur, que celle qui consis-
« tait à faire inscrire l'hypothèque au bureau compétent ;

« Que Nguyên-dinh-Van, au contraire, prétend qu'il a toujours
« ignoré l'existence de cette inscription, que son vendeur
« annamite ne lui avait pas révélée,

« Et que les droits immobiliers d'hypothèque affectant les immeu-
« bles par lui acquis de bonne foi n'ont été, à aucune époque
« antérieure à son acquisition transmis ou mentionnés à la
« résidence de Nha-trang ou au dia-hô du village, d'où il suit
« qu'il aurait définitivement acquis deux des immeubles saisis
« suivant acte authentique passé en la forme annamite le 22 juillet
« 1914, certifié par les notables du village de la situation des biens,
« enregistré sous le n° 223 et mentionné à la résidence de Nha-
« trang le 8 décembre 1917.

« Considérant que, par jugement du 20 juin 1922, le tribunal
« résidentiel de Nha-trang (Annam) jugeait que l'acte d'obligation
« passé à Saigon le 21 août 1911, constitutif de droits d'hypothè-
« que sur des immeubles situés en Annam, par Nguyên-thuc-
« Hoang au profit de Barthélemy et de Pourtales n'était pas sus-
« ceptible d'exécution à l'égard de l'annamite Nguyên-dinh-Van,
« tiers-détenteur actuel de ces biens, ni contre son vendeur, faute
« d'avoir été mentionné ou transcrit à la chancellerie de la rési-
« dence de Nhatrang ;

« Qu'il est fait appel de ce jugement, les parties reprenant leurs
« conclusions d'instance et Nguyên-thuc-Hoang, partie saisie, s'en
« remettant à justice pour défaut d'intérêt à intervenir entre les
« deux parties principales, seules intéressées.

« ..... Considérant que la conservation de droits immobiliers
« ne peut être soumise aux mêmes règles et aux mêmes principes
« en pays de protectorat et dans une colonie, sous peine de faire
« abstraction des droits de souveraineté du monarque protégé ;

« Qu'ainsi l'arrêt de la cour de Saigon du 22 juillet 1921 ne
« saurait s'appliquer au protectorat de l'Annam, régi par une
« législation spéciale ; »

(L'arrêt dont s'agit a été cité et rapporté plus haut *parte in qua*
n° 15.)

« Qu'en effet une ordonnance royale en date du 1er octobre 1888
« a délégué au Gouverneur Général de l'Indochine le pouvoir de
« réglementer les modes de conservation de la propriété acquise
« par des Français en pays d'Annam ;

« Qu'aux termes d'un arrêté en date du 4 octobre 1888 il a été
« précisé que les Français qui acquerront des droits de propriété
« de sujets annamites dans l'étendue du protectorat de l'Annam,
« devront les faire enregistrer en chancellerie et ne jouiront du
« bénéfice de la loi française qu'à compter de la date de cet enre-
« gistrement :

« Qu'une nouvelle ordonnance en date du 27 septembre 1897
« a constitué la propriété française en Annam et qu'en exécution
« de cette ordonnance une arrêté du Gouverneur Général de l'Indo-
« chine a mis l'enregistrement du titre à la chancellerie des rési-
« dences comme base de la conservation de cette propriété en terre
« d'Annam.

« Que l'indication des actes sujets à inscription et affectant
« la propriété n'est pas limitative, d'où il suit, dans l'esprit du
« législateur local, que tous droits de transfert en garantie ou
« d'expropriation conditionnelle, modificatifs de la propriété indi-
« gène en Annam, ne sont effectifs au profit des Français que si la
« loi française est applicable à leur titre et à l'immeuble qui en
« est l'objet par la publicité résultant de la mention du titre sur
« les registres tenus à cet effet dans la chancellerie de la résidence
« de la situation des biens ;

« Que ce serait en effet un non-sens d'opposer à des indigènes
« de l'Annam une inscription hypothécaire prise au bureau de
« Saigon sans qu'aucune publicité ait été donnée dans le pays
« protégé à cette constitution de droits réels immobiliers sur des
« terres indigènes ;

« Qu'il n'est pas contesté que la société n'a fait aucune diligence
« pour la conservation de ses droits conformément à l'arrêté de
« 1897 à la Chancellerie de Nhatrang ;

« Et considérant, au surplus, qu'il a été fait par le premier
« juge une juste appréciation du dommage subi par NGUỄN-DINH-
« VAN, en suite de la procédure de saisie engagée à son préjudice

« par Roman, fondé de pouvoirs de la société de BARTHÉLEMY de
« POURTALÈS..... »

Il ressort, on le voit, des termes de cet arrêt que la disposition
capitale des deux ordonnances de 1888 et 1897, d'après laquelle
les Français ayant acquis ou devant acquérir, des biens en Annam
et au Tonkin en auront la pleine propriété, dans les conditions
fixées par la loi française, moyennant qu'ils se conforment aux
règles spéciales dont l'établissement est confié au Gouverneur
Général de l'Indochine, s'applique à l'acquisition non seulement
de la propriété proprement dite des biens immeubles, mais encore
de tous les droits réels immobiliers, actuels ou même éventuels,
tels notamment que le droit d'hypothèque, avec les accessoires,
droit de suite et droit de préférence, qu'il comporte.

Cette interprétation, dont aucune des expressions employées par
le législateur ne permet de contester l'exactitude, est, bien au contraire, tout à fait satisfaisante du point de vue juridique pur :
elle concilie en effet les idées assez contradictoires en apparence
émises plus haut et relatives au maintien de la souveraineté annamite sur un bien régi par la loi française.

Avec le système de la Cour, on est amené a faire la distinction
entre l'objet de la propriété, l'immeuble — qui lui demeure sous
l'autorité du maître du pays — et le *droit* de propriété — qui,
comme tout autre droit réel, a une existence propre et se trouve
régi, s'il a été acquis par un Français et garanti dans les formes
appropriées, par la loi française.

Et l'on arrive à concevoir très simplement, grâce à cette distinction, la co-existence sur un immeuble donné, — celui par exemple,
qui a été l'objet du litige tranché par la Cour, — maintenu
comme partie intégrante du territoire annamite, d'un droit de
réméré au profit du vendeur annamite, droit régi par la loi annamite, et d'un droit d'hypothèque au profit d'un créancier français, droit régi par la loi française et soumis, par suite, à la
précarité prévue à l'article 2125 du code civil : ces deux droits
ont chacun une existence propre et parfaitement distincte de l'objet
sur lequel ils s'exercent (1).

NOTE. — (1) Peut-être éprouvera-t-on quelque surprise à lire la présente conclusion,
si l'on se souvient, — et il ne saurait en être autrement, — des critiques formulées
tant au rapport de 1912 (V. *rég. propr. Indoch.*, n° 87 et suiv., et 273 et suiv.) qu'au
présent rapport (n°° 14 et 15), au sujet de la dualité des régimes fonciers fonctionnant

89. — La conséquence toute naturelle qui découle de ces constatations, c'est que ce que doit envisager, dans la règlementation qu'il a reçu mission d'établir le représentant du Gouvernement français, ce n'est pas un statut complet applicable aux seuls immeubles acquis par des Français en pleine propriété, mais bien les formalités spéciales qui permettront aux titulaires français de droits réels immobiliers, de quelque droit qu'il s'agisse, d'en jouir avec toutes les prérogatives que confère la loi française.

Le but à atteindre étant ainsi tout différent de celui qui était visé avant l'arrêt de la Cour d'appel, le second projet d'ordonnance, annexe II, doit être à son tour abandonné.

---

en Cochinchine ; mais il suffira de voir la situation d'un peu plus près pour constater qu'elle est très différente dans l'un et l'autre pays.

La Cochinchine est une terre française, dont tous les détenteurs sont justiciables de la loi et des tribunaux français, au moins en la matière traitée ; le régime foncier applicable aux biens détenus par les indigènes repose bien, il est vrai, sur le dia-bô création de l'ancien Gouvernement annamite, mais sur un dia-bô transformé, en son fondement même, par l'autorité française et devenu, de simple matrice cadastrale qu'il était à l'origine, le registre d'assiette de la propriété annamite (v. *Rég. propr. Indoch.*, n° 58 et suiv.), ainsi donc c'est le législateur français qui a assumé l'entière responsabilité de la coexistence du double système foncier ; il dépend de lui de faire disparaître les inconvénients et les dangers mêmes de son œuvre.

L'Annam, au contraire, est une terre autonome, relevant d'un Empereur qui a accepté le protectorat français, mais qui a conservé cependant certaines des attributions inhérentes à sa qualité de Souverain, expressément délimitées dans les conventions diplomatiques en vigueur ; il reste notamment maître de la législation applicable à ses sujets et juge suprême de leurs contestations.

Or, c'est lui qui, par deux actes émanant de sa libre volonté, a successivement concédé aux ressortissants français la faculté d'acquérir des biens et droits immobiliers, d'abord dans certaines parties, puis dans toute l'étendue de son empire, en leur permettant d'user de ces biens et droits dans les formes et conditions réglées par leur loi nationale, moyennant qu'ils se conforment aux dispositions règlementaires qui leur seront tracées par le représentant de la puissance protectrice.

Le double régime foncier est donc là l'œuvre de deux législateurs distincts et, si l'unification du régime est désirable, pour éviter que des droits relevant de deux lois différentes coexistent sur une même parcelle de territoire, il n'en est pas moins évident que cette réforme ne peut s'obtenir que par le concours de deux volontés et que, tant que cet accord ne sera pas réalisé — et même réalisable, — il convient de rechercher seulement le meilleur moyen de concilier ces droits concurrents.

Et c'est pour cela qu'il n'y a pas, en réalité, la contradiction que l'on croirait voir, au premier abord, entre cette fin de paragraphe, qui expose le procédé à l'aide duquel on peut assurer, à des droits établis sur des immeubles soumis à la souveraineté de l'Empereur d'Annam, la protection de la loi française et certains autres paragraphes de ce même rapport où se trouve proclamée l'intangibilité du principe de l'unité de statut réel pour un pays donné.

Ce qui est dit ici, pour les territoires protégés de l'Annam et du Tonkin ne saurait, en effet, s'appliquer à la Cochinchine, non plus, d'ailleurs, qu'aux villes des pays annamites érigées en concessions françaises.

II

DU RÉGIME A APPLIQUER A LA PROPRIÉTÉ FRANÇAISE

90. — Cette mise au point achevée, il faut reprendre maintenant l'étude de la question presque à la base et examiner tout d'abord dans quel sens peuvent être conçues ces « règles spéciales » qui, aux termes des ordonnances anciennes, doivent assurer aux Français le bénéfice de leur loi personnelle.

Le premier arrêté du 4 octobre 1888 avait prévu le dépôt des titres à la résidence, l'exécution consécutive de certaines mesures de publicité, puis l'échange, à l'expiration d'un délai de trois mois, des titres primitifs contre des titres « français » n'engageant point, d'ailleurs, la responsabilité de l'administration.

L'arrêté du 28 septembre 1897 simplifiait cette procédure et remplaçait toutes les formalités par un simple « enregistrement en chancellerie », lequel devait suffire « à attribuer aux biens visés dans l'ordonnance le bénéfice de ses dispositions ».

Le procédé du début, qui prévoyait notamment un affichage à la porte de la maison commune du village de la situation des biens, était certainement mieux conçu et donnait plus de garanties aux tiers intéressés ; toutefois le second procédé lui-même si peu efficace qu'il pût être, tomba en désuétude du fait de la suppression des services de chancellerie dans les résidences, et la condition imposée par le Souverain annamite pour autoriser l'application exceptionnelle de la loi française dans la limite de son empire n'est plus jamais remplie actuellement.

Sans doute, les actes d'acquisition de biens immeubles et de droits immobiliers (y compris les droits d'hypothèque) passés par des Français sont soumis aux formalités d'enregistrement et de transcription ou d'inscription, suivant les cas, mais cela est insuffisant dans l'état actuel de la législation, ainsi que le démontre péremptoirement la décision judiciaire précitée du 29 décembre 1922.

Dès l'instant, en effet, que l'acquéreur français d'un droit immobilier en pays annamite néglige de soumettre son titre aux « règles spéciales » établies en vertu d'une délégation expresse par le représentant de l'autorité française, il ne saurait prétendre, pour l'exercice de ce droit, à la protection de la loi française et si son acquisition reste valable, en exécution de la convention de 1884, l'objet en demeure cependant soumis aux dispositions de la loi locale.

91. — Au rapport de 1922, il avait été proposé de remplacer les règles tracées par les arrêtés de 1888 et 1897, par l'institution réalisée également par voie d'arrêté du Gouverneur Général, d'une procédure d'immatriculation aux livres fonciers des propriétés acquises, lesquelles fussent alors demeurées définitivement soumises à ce régime particulier (V. *Rég. propr. Indoch.* n° 406).

Cette proposition doit, elle aussi, être abandonnée — au moins dans sa forme première puisqu'aussi bien il ne s'agit plus comme on vient de le voir, de fixer le statut d'une catégorie progressivement constituée et accrue de biens immobiliers passés à un moment donné aux mains d'acquéreurs français, mais d'assurer l'exercice dans des conditions déterminées de droits réels appartenant temporairement à des Français sur des parcelles du territoire annamite.

Ce qu'il faut donc avoir en vue, semble-t-il, c'est l'organisation d'une procédure simple et pratique permettant à l'administration française avant de confirmer au profit de ses nationaux, le droit à la protection de la loi française pour leurs acquisitions en terre d'Annam, de s'assurer, par des moyens d'investigation appropriés, de la régularité de ces acquisitions.

Il ne paraît guère contestable que, dans cet ordre d'idées, la procédure de purge des droits réels préalable à l'immatriculation des immeubles, présente, par les mesures de publicité tant collectives qu'individuelles qu'elle comporte, les plus sûres garanties pour la révélation immédiate de toutes les causes possibles de compétitions et contestations ultérieures.

Il est exact que, d'après l'arrêt de la Cour de Saigon, ce n'est pas, comme il a été expliqué, tel immeuble qui se trouve soumis à telle législation, mais que sur un immeuble donné, des titulaires de droits réels distincts, — propriété ou autres, — sont autorisés à se réclamer, chacun suivant sa nationalité et les dispositions par lui prises, de la loi annamite ou de la loi française. Si donc l'exécution de la procédure de purge, engagée à la demande d'un Français, en vue de la consécration de son titre, venait à révéler l'existence de droits établis au profit de titulaires de statut annamite, tous ces droits, relevant de législations différentes, ne seraient pas assujettis par là même au même mode de publication, mais s'il y avait conflit entre eux, l'administration dûment renseignée, pourrait réserver son approbation, en ce qui concerne le titre de son ressortissant, jusqu'à la solution.

On voit donc l'avantage qu'il y aurait, même en considérant la situation des titulaires français de droits réels du nouveau point de vue, à maintenir à leur usage le système de l'immatriculation aux livres fonciers.

Il est superflu d'ajouter que le but final de l'unification, — même à longue échéance — des régimes fonciers dans les diverses parties de l'Indochine devant toujours être poursuivi, pour ce motif encore il y aurait intérêt à adopter la même conclusion.

92. — Le texte organique, en l'espèce un arrêté du Gouverneur général, comme l'ont prévu les ordonnances des 1er octobre 1888 et 27 septembre 1897, pourrait être établi sur le plan du projet d'arrêté primitif, annexe 1 au rapport de 1912 : toutefois d'assez sérieuses modifications devraient y être apportées.

Pour mémoire, tout d'abord, il est rappelé que ce projet ne viserait que les acquisitions faites par des Français, la question du droit de propriété à reconnaître ou concéder aux étrangers étant formellement réservée.

En outre, pour demeurer d'accord avec la jurisprudence, le texte n'admettrait la régularité, au regard de la loi française, que des seuls actes d'acquisition ayant fait l'objet des mesures édictées par les arrêtés des 4 octobre 1888 et 28 septembre 1897, mais il permettrait en même temps la régularisation de ces actes pour le passé.

Toutefois une différence capitale entre l'ancien et le nouveau projet, que l'on trouvera ci-après consiste en ce que les feuillets réels seraient affectés non plus aux parcelles foncières c'est-à-dire aux immeubles eux-mêmes, mais bien aux droits réels immobiliers : ce ne serait plus la propriété immeuble qui serait immatriculée, mais la propriété-droit, ou encore, mais plus rarement, un droit d'emphytéose, un droit d'hypothèque. Il est prévu, d'ailleurs, que, si un second droit réel venait par la suite à être constitué au profit d'un Français — d'un autre ou du même — sur un immeuble déjà grevé dans les mêmes conditions, il y aurait lieu de réunir les deux droits sur un même feuillet ; le cas le plus typique du genre serait certainement celui où un créancier français ayant obtenu une garantie hypothécaire de son débiteur annamite et ayant fait consacrer son droit conformément aux ordonnances, l'immeuble grevé serait saisi, et mis en vente, puis acquis soit par le créancier poursuivant, soit par un autre Français ; on conçoit fort bien que les deux droits réels acquis par des Français, hypothèque, puis propriété puissent être réunis sur un même feuillet.

93. — Une seconde différence non moins importante découle tout naturellement de la première : le feuillet réel représentant non un immeuble, dont l'existence, en tant que parcelle foncière tout au moins, est illimitée, mais un droit réel, dont la durée peut être fort brève et qui, au surplus, ne doit être maintenu au livre foncier que tout autant qu'il demeure justiciable de la loi française, c'est-à-dire qu'il est exercé par un Français, il s'ensuit que ce feuillet est susceptible, à un moment donné, de devenir sans objet : une disposition particulière du texte réglementaire doit, en conséquence, en autoriser la clôture.

94. — Un nouveau projet, destiné à remplacer le projet annexe J du rapport de 1912 et dans lequel il a été tenu compte de ces diverses observations, en même temps que — dans la mesure nécessaire — des modifications apportées au texte organique destiné à la Cochinchine, est joint au présent rapport.

Il est sans doute inutile d'en entreprendre l'examen détaillé, les explications qui précèdent devant certainement suffire pour en faire comprendre l'objet et l'esprit. Il y a cependant intérêt à faire remarquer que, pour donner aux « règles spéciales » prévues par les ordonnances de l'Empereur une utilité réelle, — laquelle ne peut résulter que de l'adoption de mesures propres à tenir les autorités indigènes informées de tous les changements constatés dans la consistance des biens et droits immobiliers acquis par des Français et soustraits ainsi à la loi annamite, — une disposition nouvelle, en ce sens qu'elle ne figure dans aucun des autres projets, impose aux conservateurs l'obligation de donner immédiatement connaissance aux Résidents des provinces et, par leur intermédiaire, aux autorités indigènes, de toute création ou annulation de feuillet réel. Grâce à cette précaution les notables des villages seraient en mesure, au cas où leur seraient soumis des projets d'accords entre Annamites dont la réalisation pourrait être contrariée par l'existence de droits acquis et publiés appartenant à des Français, de signaler le danger aux intéressés et d'arrêter ainsi la conclusion de contrats inexécutables.

Sans doute, la seule publication de ces droits aux livres fonciers tenus dans les conservations permettrait aux indigènes de s'assurer, avant de terminer une affaire, que leurs co-contractants n'ont pas déjà pris des engagements envers des Français ; mais on sait que cette obligation imposée aux indigènes de recourir, en Cochinchine, aux deux organes de publicité, dia-bô et registres hypothécaires, avant de passer aucun contrat même avec leurs congénères constitue l'un des gros griefs que l'on fait à la règlementation de la propriété foncière dans la colonie ; il est essentiel d'éviter qu'en Annam et au Tonkin, tant que se poursuivra l'application simultanée des deux législations, en exécution des ordonnances de 1888 et 1887, les mêmes inconvénients graves ne se retrouvent et ne persistent ; le moyen proposé à cet effet paraît de nature à donner toute satisfaction : si, en effet, un indigène désirait obtenir des renseignements précis et complets au sujet de l'étendue des droits réels appartenant à des Français sur des immeubles situés dans son village, il lui faudrait évidemment s'adresser au bureau de la conservation, mais le premier avis, révélant l'existence même de ces droits, pourrait lui être donné immédiatement et directement par les autorités locales.

95. — Il ne faut pas perdre de vue, d'ailleurs, que certaines des dispositions contenues au projet et ayant pour effet d'étendre à de nouveaux cas les peines prévues par les textes auxquelles elles se réfèrent ne sauraient être observées par les tribunaux français qu'autant qu'elles auraient été confirmées par le législateur colonial de droit commun, car elles excèdent la compétence du Gouverneur Général ; le projet de décret annexe L du rapport de 1912 est donc à maintenir.

III

DE LA PRÉPARAT.ON DE LA RÉFORME POUR LA PROPRIÉTÉ INDIGÈNE

96. — Le rapport de 1912 concluait à la publication en Annam, d'une part, et au Tonkin, de l'autre, de deux actes, une ordonnance de l'Empereur, pour le premier, un arrêté du Résident supérieur, dépositaire des pouvoirs du « Kinh-Luoc », pour le second, prescrivant, dans des conditions à très peu de chose près identi-

ques, la réfection des « dia-bô » par les autorités annamites, toutes
dispositions étant prises, en outre, pour que ces registres servent,
à l'avenir, à assurer la publicité des faits ou conventions intéressant les droits réels exercés sur la terre par les indigènes.

Ces propositions ont reçu partiellement satisfaction, en ce sens
qu'une ordonnance de S. M. KHAI-DINH en date du 4 octobre 1921,
promulguée par un arrêté du Gouverneur général du 9 novembre
suivant a prescrit la mise en application du 1ᵉʳ livre d'un « Code
civil » à l'usage des juridictions indigènes du Tonkin, dans lequel
se trouve incorporée toute une règlementation concernant l'immatriculation des immeubles ; encore que certaines de ses dispositions présentent avec celles des projets antérieurs des différences
assez sensibles ce texte constitue certainement, dans son ensemble,
un pas en avant des plus sérieux dans la voie indiquée ; comme,
par ailleurs, l'application n'en doit être faite que par étapes, à la
suite et d'après les résultats d'une expérience qui se poursuit en
ce moment, on ne peut que se féliciter de la décision prise en cette
matière par le Gouvernement Général et la Cour de Hué.

97. — Dans le système instauré par le Code Civil tonkinois, ce
sont bien les autorités indigènes qui reçoivent les déclarations des
propriétaires, procèdent aux vérifications nécessaires et établissent
successivement les registres provisoires et définitifs, mais l'insertion
des mentions relatives aux mutations et constitutions de droits
postérieurs, ainsi que la délivrance des extraits des registres, « faisant foi et ayant un caractère officiel », sont confiées à un fonctionnaire de la résidence, nommé conservateur de la propriété
foncière pour la province.

Cette dernière précaution est à remarquer, car le registre d'immatriculation, qui n'acquiert sa valeur pleine et entière que sept
ans et demi après la décision qui en aura décidé l'établissement
« fait foi jusqu'à inscription de faux » ; mais néanmoins et malgré
les garanties que peut offrir le choix d'un conservateur français,
il est à craindre que certaines mentions n'aient qu'un fondement
assez douteux, car les actes sous seings privés sont acceptés et les
mutations par décès, pour la justification desquelles il n'est pro-
duit ni testatement, ni partage, ont mentionnées à la requête
et sur les simples indications de la veuve ou de l'héritier légal.

98. — Toutefois le système est perfectible : ainsi qu'il a été dit
précédemment, l'administration envisage « l'organisation progres-

sive des institutions nouvelles s'étendant de proche en proche à toutes les circonscriptions du Tonkin ». Dans ce but, deux essais ont été prévus ou plus exactement, sont en cours dans les provinces de Hà-dông, d'une part, et de Ninh-binh, de l'autre : les propriétaires fonciers de deux circonscriptions, dans chacune de ces provinces, ont été invités à faire leurs déclarations et les autorités communales à les recevoir ; cependant tandis que, dans la province de Hà-dông, les déclarations ne sont arrêtées, pour un village donné, qu'après établissement du cadastre parcellaire, dans celle de Ninh-binh, il est procédé rigoureusement selon les termes de l'ordonnance, en sorte que, alors que, dans celle-ci, les délais légaux sont respectés, dans celle là au contraire, ils sont notablement dépassés.

Quoi qu'il en soit, ce double essai est des plus intéressants. Il est d'ores et déjà démontré, par l'achèvement dans le délai règlementaire de tous les registres provisoires des villages des deux circonscriptions de Ninh-binh, que la première partie de la procédure est pratiquement exécutable ; il restera à voir par le moyen de la double vérification qui doit suivre, dans quelle mesure les déclarations reçues et consignées sur ces registres sont exactes et complètes. Il n'est pas douteux que le procédé de rédaction des déclarations sur le vu d'un plan parcellaire, suivi dans les deux circonscriptions de Hà-dông, doit donner des résultats plus précis à tous égards, mais pourra-t-il conduire au but proposé ? Le temps et les frais qu'exige l'exécution du travail cadastral, tant sur le terrain qu'au bureau, sont de nature à nuire gravement au succès d'une tentative qui, il ne faut pas l'oublier, ne doit permettre de franchir que la première étape de l'organisation foncière complète et définitive du pays.

99. — Si, par la comparaison des résultats obtenus dans les deux provinces, on s'apercevait que l'absence totale d'un plan constitue un obstacle sérieux à l'application pure et simple du système organisé par le nouveau Code Civil, la solution pourrait être cherchée dans l'adoption d'un programme combinant, en vue de l'établissement aussi rapide et peu onéreux que possible d'un plan général des territoires au Tonkin — et plus tard, de l'Annam, si l'on peut étendre à tout l'empire la réforme de dia-bô — les deux procédés de confection du cadastre par photographie aérienne et par levé topographique.

En attendant il convient de laisser se poursuivre l'expérience engagée au Tonkin et d'en attendre les résultats avant de rien changer aux dispositions prises.

100. — Il est certaines parties des territoires protégés de l'Annam et du Tonkin, de la situation desquelles l'administration aurait intérêt à s'occuper sans trop de retard : ce sont, en Annam, les villes de Thanhhoa, Vinh, Hué, Faifoo, Quinhon, Phanthiêt et Phan-rang, érigées en « certains urbains » par les ordonnances des 20 octobre 1898, 12 juillet 1899 et 4 août 1917 ; en Annam encore, le plateau du Lang-bian et la ville de Dalat, dotés de l'autonomie communale par l'ordonnance du 11 octobre 1920 ; enfin, au Tonkin, la ville de Nam-dinh, devenue chef-lieu d'un arrondissement judiciaire et siège d'une conservation des hypothèques depuis bientôt vingt ans.

Les propriétaires français sont plus ou moins nombreux sur ces divers points et la plupart d'entre eux ont certainement négligé de se conformer aux prescriptions édictées pour assurer à leurs droits la protection de la loi française ; il y a donc là, pour ce premier motif, de nombreuses situations à régulariser.

D'autre part les notables annamites ont cessé, dans toutes ces localités, d'exercer les attributions que leur conféraient la loi et la coutume annamite ; par suite, les propriétés indigènes n'étant détenues trop souvent qu'en vertu de titres d'une valeur douteuse, de ce côté également le même besoin de régularisation se fait sentir.

A diverses reprises, les commissions ou les fonctionnaires chargés de l'administration des centres urbains ont réclamé l'établissement d'un régime foncier permettant d'assurer la sauvegarde des droits immobiliers de leurs habitants. C'est évidemment par eux que devra commencer, dès qu'on le jugera possible, la substitution au dia-bô annamite, — qui serait à refaire là comme ailleurs, — d'un livre foncier plus complet, sinon déjà semblable à celui qui est proposé pour les concessions françaises. Il semble cependant qu'il faudra, au préalable, laisser s'achever l'expérience des provinces de Hà-dông et de Ninh-binh et s'organiser les conservations d'Hanoi, Haiphong et Tourane, pour s'inspirer des enseignements recueillis de part et d'autre.

CAMBODGE

I

DE L'ÉTAT ACTUEL DE LA QUESTION AU CAMBODGE

101. — Les constatations faites au cours de la récente enquête
pourvuivie au Cambodge n'ont donné lieu à aucune rectification,
ni à aucun changement dans les conclusions formulées au rapport
de 1912 ; elles ont révélé par contre qu'il était survenu, dans l'intervalle, un certain nombre de faits dont il convient de tenir compte
aujourd'hui, pour la mise au point des projets de réforme demeurés
en suspens.

En premier lieu, il faut signaler la mise en application, par
une ordonnance royale en date du 25 février 1920, rendue exécutoire par un arrêté du Gouverneur Général du même jour, et pour
avoir effet à compter du 1er juillet suivant des « Code Civil » et
« Code de Procédure Civile », cambodgiens, promulgués dès 1915,
mais modifiés depuis lors, notamment en ce qui concernait la
propriété foncière.

Comme, d'ailleurs, ainsi qu'il sera dit dans un instant, l'application des actes législatifs tendant à la constitution des registres
fonciers indigènes a subi un temps d'arrêt, le texte des nouveaux
codes réserve, en quelque sorte, la solution à intervenir en cette
matière, en laissant de côté l'organisation du régime foncier et
en signalant seulement celles de leurs dispositions qui s'appliquent
spécialement aux immeubles immatriculés.

Dans ces conditions, il n'y aurait du fait de la codification de la
loi civile cambodgienne, aucune modification à apporter à l'article 8, 1er alinéa, du projet d'ordonnance annexe C au rapport de
1912, qui tend à maintenir, pour les immeubles appartenant aux
indigènes, tant qu'ils ne seront pas passés des registres fonciers
des villages sur ceux du bureau de la conservation de la propriété
foncière de Phnom-Penh l'application de leur législation propre.

102. — Un autre fait, d'une importance au moins aussi considérable est l'abandon de l'essai d'organisation de la propriété indi-

gène qui faisait l'objet des ordonnances royales des 24 janvier 1908 et 28 janvier 1912 ; sans doute, ces ordonnances n'ont pas été expressément rapportées, mais, à la suite des difficultés et peut-être aussi de quelques mécomptes qu'à provoqués leur application, on a cessé, en fait, de veiller à l'exécution, dans les provinces, des travaux des commissions de terrains instituées par le second de ces actes.

Il n'est pas contestable que la tâche imposée aux autorités indigènes de chaque khum, pour procéder à l'immatriculation des terrains, et aux gouverneurs, pour assurer l'observation de ces prescriptions, était lourde et excédait peut-être parfois, sinon la bonne volonté, du moins la capacité de ces fonctionnaires et agents. Néanmoins, il est certain que, dans un certain nombre de circonscriptions administratives, les commissions ont fonctionné, des déclarations ont été reçues, des titres ont été délivrés, — plus de 20.000, semble-t-il, d'après une statistique un peu sommaire peut-être, dont plus de 11.000 pour la seule province de Kompong-Cham, — et l'on ne saurait vraiment, dans ces conditions, tenir un tel effort pour négligeable et se désintéresser des résultats acquis.

103. — L'Administration locale l'a compris, d'ailleurs, et, par une circulaire du 11 août 1915, le Résident Supérieur a consulté les chefs de provinces, ses subordonnés, sur un projet de reprise de l'œuvre interrompue, avec la collaboration et sous la direction, en quelque sorte, du service du cadastre. Des réponses approbatives sont revenues, en assez grand nombre, mais plusieurs faisaient des réserves au sujet des retards que devait fatalement apporter l'intervention du service technique et demandaient soit une simplification des opérations prévues, soit une augmentation des moyens mis à la disposition de ce service.

104. — Cette tentative ne paraît avoir eu aucune suite, — les événement en cours ont dû, pour une large part, en être la cause, — et, depuis lors, c'est dans un autre sens que l'on a cherché la solution du problème.

En reprenant, pour la commodité des explications, la terminologie annamite, au lieu de persévérer dans le projet d'établissement de « dia-bô », matrice cadastrale cadastrale fondamentale, transformée pratiquement en livre foncier, on a jugé préférable de faire dresser des « dien-bô », rôles fonciers valables pour cinq années, qui vraisemblablement devront permettre, à l'expiration

de cette période quinquennale, d'établir alors les « dia-bô » définitifs.

Que telle ait été ou non l'idée directrice, il n'en reste pas moins
que chacune des deux ordonnances du 17 octobre 1921, règlementant la perception de l'impôt sur les paddys, d'une part, et l'impôt sur les terrains de culture, de l'autre, contient un article 5
ainsi conçu :

« Il sera tenu, dans chaque khum, un registre spécial du modèle
« annexé à la présente ordonnance, où seront inscrits les terrains
« de culture (ou toutes les rizières cultivées ou non). Toute ins-
« cription outre un numéro d'ordre, comportera les indications
« suivantes : nom du propriétaire ou du possesseur et celui de sa
« femme, situation, superficie, abornement et classement du ter-
« rain (ou catégorie à laquelle doit être classée la rizière inscrite)..»
  « Les mutations, dont les terrains (ou rizières) pourront ultérieu-
« rement faire l'objet, seront portées dans une colonne de ce regis-
« tre réservée à cet effet ; elles devront être faites à la diligence des
« acquéreurs.
  « Les extraits de ce registre, certifiés conformes par les mékhums
« et délivrés par eux, serviront à constater la possession effective
« des terrains (ou rizières) en cause, en attendant la constitution
« définitive de la propriété. »

Ce procédé serait-il de nature à favoriser la réalisation d'une
réforme dont l'administration locale, on le voit, sent tout le prix ?
Il est difficile de donner une réponse certaine, mais il est une observation que l'on ne peut manquer de faire, à savoir qu'il est peut-
être fâcheux de changer une fois de plus de programme et de méthode.

105. — Si l'on veut bien se reporter au rapport de 1912, ou pourra constater que l'administration du Protectorat a trop souvent
marqué des hésitations et des variations dans la conception et dans
l'exécution de ses procédés de reconnaissance et de constitution de
la propriété indigène (*V. Rég. propr. Indoch.* n° 139 et suiv*).
  1ʳᵉ formule. — Décision du 28 octobre 1884, titre 1ᵉʳ : *Constitution de la propriété*, et titre VI : *Conservation de la propriété*. —
Les occupants doivent, dans un délai de six mois, déposer leurs
titres aux mains du Résident de la province ; le Résident dresse,
en langue française, un registre de la propriété où toutes les mu-

tations sont inscrites et qui doit être refait tous les cinq ans. — Non appliquée.

2° formule. — Ordonnance du 25 avril 1902. — Le mesroc, assisté de fonctionnaires provinciaux, dresse d'office le tableau des possesseurs du sol et, après règlement des contestations, établit, dans un délai de six mois et sans frais, un livre définitif donnant les noms des propriétaires et la désignation de leurs biens ; les mutations y sont portées. — Non appliquée.

3° formule : retour à la 1re formule. — Ordonnance du 24 janvier 1908. — Les possesseurs de terres — les Cambodgiens seuls, tout d'abord, puis, avec eux, en vertu de l'ordonnance du 13 mai 1909, les Annamites et Asiatiques étrangers résidant au Cambodge, — doivent requérir dans le délai de six mois, par le dépôt entre les mains du mesrok d'une demande spéciale, l'immatriculation des terrains occupés par eux : après vérification de ces demandes et règlement des contestations, le Résident de la circonscription établit, sur un registre *ad hoc*, les titres de propriété, qui seront ensuite tenus au courant de tout ce qui intéresse les immeubles décrits. — Déclarations non faites, malgré les rappels.

4° formule ; retour à la 2° formule. — Ordonnance du 8 janvier 1912. — Une « commission des terrains » est instituée dans chaque khum pour procéder sur place à l'immatriculation des terrains ; les travaux doivent être terminés dans le délai d'une année. — Les résultats sont ceux indiqués plus haut.

Et maintenant une velléité apparaît de recourir à une cinquième formule, indiquée aux ordonnances du 17 octobre 1921 ,qui rappellerait à la fois la première, en ce que les registres (il y en aurait au moins deux) des propriétés seraient refaits tous les cinq ans, et la seconde, en ce que ces registres seraient établis d'office.

106. — Il faut se féliciter de ce que les ordonnances de 1908 et 1912 n'aient pas été déclarées abrogées et de ce que l'article 5 des ordonnances de 1921 laisse entendre, par sa disposition finale, qu'il ne s'agit, cette fois, que d'une mesure administrative provisoire, dont l'application ne saurait entraver l'œuvre entreprise de la constitution définitive de la propriété. Cette réserve est tout-à-fait opportune, car il serait désastreux de renoncer à ce qui a déjà été fait, pour entrer dans une voie nouvelle ; d'une part, en effet, il y aurait une somme considérable de travail absolument perdue, alors qu'une simple revision de ce travail, entreprise dans des conditions plus favorables, pourrait permettre d'en tirer parti ;

d'autre part, ne serait-il pas à craindre, en obligeant les fonctionnaires indigènes et les habitants eux-mêmes qui se sont déjà conformés aux prescriptions des ordonnances en vigueur, — ces derniers en payant quelquefois le prix des formalités les concernant, à reprendre ce même travail sous une autre forme, que la population cambodgienne ne soit surprise de voir l'administration française changer aussi fréquemment ses instructions et ses méthodes ?

Le système établi par l'ordonnance de 1908 et amélioré par l'ordonnance de 1912 est incontestablement susceptible de donner aux éléments de la population auxquels il s'adresse les garanties qui leur sont nécessaires et il suffit de le compléter par quelques dispositions d'ordre exclusivement pratique pour en permettre le maintien, d'abord, et l'application, ensuite.

Des propositions seront faites en ce sens un peu plus loin.

107. — Il convient de signaler enfin un dernier changement survenu dans la situation du pays depuis l'enquête de 1912.

Il avait été fait observer dans le rapport qui suivit, que la remise faite au roi du Cambodge des territoires de Battambang, Siemréap et Sisophon, cédés à la France par le traité de Bangkok du 23 mars 1907, n'avait fait l'objet que d'un arrêté du Gouverneur général de l'Indochine du 27 juin 1907, sans avoir jamais reçu la sanction du pouvoir central (V.*rég. propr. Indoch.* n° 128).

Cette omission eut pu avoir des conséquences assez graves, si, à l'occasion d'un litige quelconque, la question de validité des ordonnances rendues par le Souverain du Cambodge pour ces régions avait été soulevée devant les juridictions françaises : il est fort probable que, faisant état du décret présidentiel du 27 juin 1907, rendu ensuite de l'approbation du traité du 23 mars par les Chambres et prononçant la ratification de cet acte diplomatique, elles eussent refusé toute valeur, en terres françaises, aux ordonnance dont s'agit, émanant du Souverain d'un territoire limitrophe.

La difficulté se trouve levée aujourd'hui : un acte du législateur colonial, un décret du Chef de l'Etat, rendu à la date du 20 septembre 1915, sur la proposition du Ministre des Colonies et l'avis conforme du Ministre des Affaires Etrangères, prononce la ratification de toute une série d'arrêtés locaux opérant des mutations territoriales entre les divers pays de l'Union Indochinoise, et notamment de l'arrêté local précité du 27 juin 1907.

II

DES MESURES NÉCESSAIRES POUR LA RÉALISATION
DE LA RÉFORME

108. — Il ne semble pas qu'il y ait lieu de modifier en quoi que ce soit les conclusions et propositions faites, il y douze ans, au sujet de l'organisation de la propriété foncière dans le périmètre de la ville de Phnom-Penh, ni non plus au sujet de la forme à donner aux actes organiques qui doivent consacrer la réforme.

Lors de la consultation à laquelle il a été procédé en 1918, auprès des administrations locales, sur la valeur des projets préparés pour les divers pays de l'Indochine, un des Résidents consultés du Cambodge a, dans une réponse fort intéressante sur plusieurs points, émis l'avis que, « dans les conditions actuelles du « Protectorat du Cambodge, l'unité de législation en matière foncière ne peut être recherchée que par des actes émanant de l'au« torité française » ; il ajoutait que, « si une réserve subsiste, fai« sant obstacle à notre intervention en matière foncière, il suffit « de faire modifier par le Gouvernement cambodgien les disposi« tions qui l'établissent. »

Pour donner satisfaction à ce vœu, il faudrait donc substituer aux deux projets, annexes C et D du rapport de 1912, ordonnance royale et arrêté du Résident Supérieur, un texte unique émanant du législateur français, décret présidentiel ou arrêté du Gouverneur Général, — bien que la valeur d'un simple arrêté en semblable matière soit contestable (V. Circ. min. du 22 novembre 1873 ; *Rég. propr. Indoch.* n° 164) ; mais cela ne serait possible qu'autant que le roi du Cambodge aurait renoncé aux droits qu'il tient des traités.

On sait, en effet, qu'aux termes de l'article 9 de la convention synallagmatique du 17 juin 1884, alors que ce souverain abandonnait au représentant de la France toute la partie de l'administration son royaume relative à « l'établissement et la perception des im« pôts, les douanes, les contributions indirectes, les travaux pu« blics », il était spécifié, au contraire :

« Il sera procédé, par les autorités française et cambodgienne, « à la constitution de la propriété au Cambodge. »

Cette clause devrait donc tout d'abord être mise à néant et remplacée par une disposition remettant à la puissance protectrice le soin de procéder seule à la réforme dont s'agit ; or, il ne peut être question de passer à cet effet une nouvelle convention bilatérale, car cette forme d'accords avec les souverains protégés d'Indochine est aujourd'hui tout-à-fait abandonnée ; d'autre part, si l'on accepte que cette modification à la convention de 1884 soit consacrée par une simple ordonnance, la nouvelle procédure ne serait guère différente de celle qui a été envisagée.

Et alors n'est-il pas préférable d'adopter une solution qui respecte les clauses d'un traité toujours en vigueur et dispense l'autorité protectrice de demander au Souverain protégé une renonciation même apparente à l'une des prérogatives qu'il a conservées ?

Par ce moyen, d'ailleurs, l'ordonnance posant les principes de la réforme, l'acte que signerait le représentant de la France n'aurait qu'un caractère purement réglementaire et, bien qu'émanant de l'autorité locale, la valeur n'en pourrait pas être discutée.

109. — Au surplus, on ne voit pas bien l'inconvénient qu'il peut y avoir à ce que des Français au Cambodge soient tenus à observer des dispositions législatives imposées par le Roi du Cambodge.

« Le droit de propriété », s'enseigne A Weiss, « envisagé en « lui-même, abstraction faite de celui qui l'exerce, est toujours « gouverné, dans sa nature, dans son étendue, dans ses éléments, « par la loi du pays où se trouve son objet. » (*Traité théorique et pratique de droit international*, tome II, p. 197).

Et l'on voit que, dans d'autres pays soumis au protectorat de la France, ce sont des actes des souverains protégés qui ont fixé le régime de la propriété foncière : un décret beylical, en Tunisie, des dahirs du sultan, au Maroc.

Pour ces diverses raisons il semble rationnel de maintenir dans leur forme première et dans leur esprit général les projets présentés pour l'organisation du régime de la propriété foncière au Cambodge.

110. — En ce qui concerne même la partie de ces textes qui a pour objet de régler dans le détail l'immatriculation des immeubles aux livres fonciers à tenir par le conservateur français, les modifications à introduire paraissent être peu importantes. Ces disposition ne visent, en effet, en dehors de la ville de Phnom-Penh, que la propriété française et, à Phnom-Penh même, les propriétés détenues par les Cambodgiens et Asiatiques étrangers assimilés sont

de telle nature que les seules règles du nouveau code civil indigène qui leur soient applicables se trouvent être en accord avec les dispositions correspondantes du projet de décret fixant le régime de la propriété pour la Cochinchine, auxquels se réfère le projet d'ordonnance pour le Cambodge.

111. — Il n'y a, d'autre part, aucune incompatibilité, — en cas de mise en application simultanée, — entre les autres dispositions du projet d'ordonnance et celles du code civil cambodgien : ainsi que l'indique expressément l'article 1" dudit projet et que l'explique le commentaire du texte au cours du rapport (*V. Rég. propr. Indoch.* n° 391), le régime de l'immatriculation institué par l'ordonnance de 1908 constituerait le *régime de droit commun* au Cambodge et, si les immeubles situés dans l'étendue de la ville de Phnom-Penh et ceux appartenant à des Français dans les provinces devaient être soumis, — obligatoirement, pour les premiers, et facultativement, pour les seconds, — à des règles spéciales, il ne s'agirait pas pour cela de régimes différents, le principe restant le même et la seconde forme n'étant que le développement de la première.

Aussi *longtemps* donc qu'il serait nécessaire et par le simple jeu des articles 1", 2 et 8 du projet d'ordonnance, les immeubles détenus par les Asiatiques en dehors de la ville de Phnom-Pénh demeureraient soumis, pour le statut général, aux dispositions du code civil cambodgien et, pour le régime de la conservation, aux ordonnances de 1908 et 1912.

112. — Si le projet d'ordonnance peut être conservé dans sa forme première presque intégralement maintenue, le projet d'arrêté (annexe D), par contre, appelle certains modifications destinées à maintenir la concordance avec le texte fondamental, le projet de décret pour la Cochinchine.

Ces modifications ne portent pas, d'ailleurs, sur le fond de la réglementation ; elles n'ont pour objet que des points de détail, visant notamment, ce qui concerne la procédure d'immatriculation des immeubles détenus par des Français, les mesures à prendre pour provoquer le règlement des hypothèques légales (art. 21) et, en ce qui concerne le fonds d'assurance, l'adoption d'un mode de gestion conforme aux propositions de la Commission de législation indochinoise du Ministère des Colonies (art. 58).

Sur ce dernier point, il subsiste une lacune : le parquet du tribunal de Phnom-Penh ne comportant pas d'emploi de substitut,

la composition du conseil d'administration devrait être différente
de celle qui a été prévue pour les autres circonscriptions ; on
pourrait sans doute désigner comme membre de ce conseil, aux
lieu et place de substitut, le juge suppléant, qui, aux termes de
l'article 66 du décret du 16 février 1921, 4° alinéa, peut être « af-
« fecté, selon les besoins du service, au siège, à l'instruction ou
« au parquet. »

113. — Indépendamment de l'adoption de ces deux textes nouveaux, l'ordonnance et l'arrêté, — sans parler des deux projets
de décrets, annexes E et F, sur l'intérêt desquels il est superflu de
revenir, — l'établissement du régime de la propriété foncière au
Cambodge comporterait, ainsi qu'il a été expliqué précédemment,
le maintien formel des ordonnances royales des 24 janvier 1908
(modifiée par celle du 13 mai 1909) et 28 janvier 1912, auxquelles
cependant quelques corrections devraient être apportées.

114. — L'application de ces ordonnances a été suspendue, on
l'a vu, à la suite des difficultés rencontrées, mais il n'en résulte
nullement qu'elles soient inapplicables et l'administration se doit
à elle même de persévérer dans la voie qu'elle a adoptée et qui,
pour peu que l'on apporte dans l'exécution, de la méthode et de
la continuité et moyennant que l'on modifie une ou deux dispositions d'un intérêt discutable, doit conduire, dans un délai
qu'il ne faut pas vouloir trop bref, au résultat désiré.

Pour cela, on pourrait très utilement s'inspirer, semble-t-il, de
l'essai qui se poursuit au Tonkin. Les critiques que l'on peut
formuler contre le système des ordonnances de 1908 et 1912 sont
les suivantes :

1° — Les déclarations, même provoquées par les autorités indigènes, ne s'obtiennent pas aussi complètement qu'il serait nécessaire et l'absence de cadastre ne permet pas de constater les
omissions et les inexactitudes ;
2° — Les mesures prises pour provoquer les oppositions aux
demandes d'immatriculation sont insuffisantes pour garantir la
valeur absolue des droits de propriété reconnus, alors surtout que,
par application de l'article 5 de l'ordonnance du 8 janvier 1912
l'immatriculation peut être faite d'office par la Commission, en
l'absence même de l'indigène « réputé possesseur » dûment con-
voqué par elle ;

_3° — La gravité de cette dernière critique se trouve encore accrue par le fait qu'il est remis aux possesseurs, devenant propriétaire du jour de l'immatriculation, des « copies », ayant force probante, des titres établis à leur nom, en sorte qu'il a été mis en circulation, à un moment donné, une vingtaine de mille de ces titres « inattaquables », dont l'exactitude n'est pas certaine.

115. — On peut donc difficilement abandonner un système qui a déjà reçu un aussi sérieux commencement d'exécution, mais il faut y apporter des corrections et améliorations telles que les critiques formulées tombent d'elles-mêmes.

Tout d'abord, il faut, comme on l'a fait au Tonkin et comme il est proposé de le faire en Cochinchine, même pour le nouveau régime, procéder à des essais localisés, afin de se rendre compte des difficultés d'ordre pratique et d'apporter un remède aux erreurs ou insuffisances de la réglementation, avant que les inconvénients ne s'en soient généralisés.

Le défaut de cadastre constitue, on l'a dit, une des causes principales de l'exécution incomplète des dispositions prises pour obtenir la révélation de tous les droits de propriété et faits de possession existants ; mais on sait que la photographie aérienne permet de suppléer à l'absence de plans cadastraux par des prises de vues aisément transformables en cartes à plus ou moins grande échelle.

On pourrait donc décider que, dans deux khums pris comme sujets d'expérience et choisis, l'un parmi ceux dont le cadastre a été fait, l'autre parmi ceux dont la carte d'après photographie a été établie, il serait procédé aux opérations prescrites par les ordonnances de 1908 et 1912, étant bien entendu que les seuls droits ayant fait l'objet d'une déclaration — provoquée ou spontanée, avec production de titre, autant que possible, — seraient retenus par la commission des terrains, la constatation d'office de l'article 5 de l'ordonnance de 1912 étant complètement écartée. La confrontation des plan et carte avec les déclarations enregistrées assurerait l'exécution complète du travail pour la totalité des terres appropriées du khum, le surplus constituant le domaine communal.

On verrait, au cours de ces opérations, que l'on s'efforcerait de mener à bonne fin dans les délais fixés par les textes organiques — (il faut remarquer que l'ordonnance de 1912, tout en prononçant des peines assez graves contre les membres des commissions qui, n'achèveraient pas leurs travaux en temps utile, avait prévu un « délai minimum d'un an »), s'il est possible d'apporter des améliorations dans la procédure adoptée et notamment s'il est nécessaire d'attendre que la carte ou le plan d'un khum soit établi pour préparer l'immatriculation générale des parcelles de son territoire ou si l'on peut s'en tenir aux simples déclarations contrôlées sur les lieux par les membres de la Commission, car, de toutes façons, la disposition de l'article 5 de l'ordonnance de 1908, qui exige la production d'un plan à l'appui de chaque déclaration, paraît être un obstacle absolu à la rapide exécution du travail.

116. — Des renseignements recueillis, il semble résulter que cette double expérience pourrait être utilement tentée dans les khums de Chom-Chau, dans la province de Phnom-Penh et le ressort de la résidence de Kompong-Speu, d'une part, et de Svay-Chrum, canton de Romdual, dans la province de Soai-Rieng, d'autre part.

Il va sans dire qu'il n'y aurait pas lieu pour autant de surseoir à l'application des prescriptions des ordonances fiscales du 17 octobre 1931 et d'interrompre l'établissement des registres-matrices des rizières et des terrains de culture, ces documents pouvant, par la suite, faciliter la constitution des livres fonciers.

117. — Une deuxième modification à introduire dans les règles posées par l'ordonnance de 1908 doit consister à rapporter la disposition qui déclare que « le titre de propriété », établi dans les « conditions que l'on sait, « constitue devant toutes les juridic-« tions une preuve de propriété inattaquable ».

La procédure du purge engagée est vraiment trop sommaire pour que l'on puisse lui attribuer un effet aussi absolu. Sans doute, dans un khum du fond des provinces, il est peu probable qu'une parcelle de terre soit grevée de droits concurrents au profit de plusieurs titulaires en conflit ; néanmoins, le cas peut se produire : la coutume cambodgienne, en effet, et les lois écrites également admettent l'existence de certains droits réels, dont les bénéficiaires absents peuvent, pour un immeuble donné, ne pas être en mesure de réclamer la reconnaissance pendant le court délai fixé pour la durée de l'enquête préalable à l'immatriculation.

Le Code Civil pour les Annamites du Tonkin ajoute à la période d'enquête, qui se poursuit, comme on l'a vu, pendant deux ans et demi, une période d'épreuve, en quelque sorte, d'une durée de

cinq ans, après laquelle « aucune réclamation n'est admise contre
« les inscriptions et mentions » (V. suprà n° 97).

L'adoption d'une mesure semblable paraît, tout-à-fait opportune
au Cambodge : pendant toute cette période d'épreuve, dont la
durée serait à déterminer et qui commencerait à courir à partir
de la date d'établissement de chaque titre par le Résident, il pourrait être admis que les titulaires d'un droit réel, qui n'auraient
pu, pour quelque motif que ce soit autre que le rejet d'une première demande faite au cours de l'enquête, obtenir là constatation
de ce droit sur un titre, auraient la possibilité de faire rectifier
ledit titre, à la condition que la mention nouvelle ne préjudicie
pas aux tiers acquéreurs de droits inscrits dans l'intervalle.

118. — Enfin, sur un troisième point encore, la législation en
vigueur pourrait être modifiée utilement : il ne devrait pas, jusqu'à nouvel ordre, être délivré de copies des titres aux propriétaires
inscrits aux livres fonciers ; d'une part, en effet, ces titres ne pourraient guère être tenus pour absolument définitifs, tant que ne
serait pas expirée la période d'épreuve dont il vient d'être parlé ;
d'autre part, la remise de semblables copies aux propriétaires a
pour corollaire l'obligation, pour ces derniers, de les représenter
au conservateur toutes les fois qu'une nouvelle inscription doit
être faite au titre original sur le registre foncier : or il est à craindre
que ces copies ne soient rapidement et fréquemment perdues ou
détruites, si l'on songe à l'indigence des installations des khums,
en sorte que la tâche des conservateurs se trouverait considérable-
ment accrue par la disparition des copies qu'il faudrait remplacer.

La délivrance de simples extraits, indiquant l'état de l'immeuble
visé, le nom du propriétaire et les charges qui le grèvent, à toute
personne qui le requiert, au moment où ces renseignements sont
nécessaires, comme cela est prévu au code tonkinois, — peut
avantageusement remplacer, au moins jusqu'à nouvel ordre, la
délivrance de copies de titres et certificats d'inscription.

Comme la réglementation établie par le code tonkinois, d'ailleurs, celle dont les ordonnances du Roi, modifiées et complétées
dans le sens qui vient d'être dit, permettraient l'application aux
terres détenues par les indigènes du Cambodge ne constituerait
que la première étape sur le chemin de l'organisation définitive
de la propriété foncière dans cette partie de l'Empire indochinois.

TERRITOIRES DU LAOS

ET

CONCESSION DE KOUANG-TCHÉOU-WAN

DU DÉFAUT D'INTÉRÊT IMMÉDIAT DE LA QUESTION POUR CES RÉGIONS

119. — Il n'a pas paru nécessaire d'apporter des modifications aux premières conclusions touchant l'organisation de la propriété dans ces pays.

Les propositions faites alors tendaient uniquement à préparer, pour une époque encore indéterminée, l'application d'un système foncier analogue à celui de la Cochinchine. Le temps écoulé n'a pas apporté de changements bien sensibles dans la situation politique, administrative ou économique ni au Laos, ni à Kouang-tchéou-Wan, et il sera temps de reprendre la question, en ce qui les concerne, lorsque la mise en application des projets de réforme dans les pays annamites aura permis d'apprécier la valeur pratique des dispositions législatives et réglementaires proposées.

PARAGRAPHE ADDITIONNEL

DE LA COMPÉTENCE DES TRIBUNAUX FRANÇAIS EN MATIÈRE FONCIÈRE

120. — Parmi les annexes au rapport de 1912, on a pu remarquer un certain nombre de projets de décrets présidentiels n'ayant,
avec la matière à réglementer, qu'un rapport en quelque sorte in-
direct.

Les uns — annexes A, E, K — tendaient à obtenir la modification des textes organisant la justice française en Cochinchine, au
Cambodge, en Annam, au Tonkin et au Laos ;

Les autres — annexes F et L, — avaient pour but la confirmation par le législateur colonial des sanctions contenues dans les
actes des Chefs d'administrations locales et excédant les pouvoirs
de ces hauts fonctionnaires.

121. — En ce qui concerne les premiers, on a vu, au cours
de l'étude relative à l'organisation de la réforme en Cochinchine,
que la commission de législation indochinoise au Ministère des
Colonies avait déclaré inutile le projet annexe A, pour un double
motif : les articles 18 et 19, avait-elle conclu tout d'abord, du
décret du 17 mai 1895, portant réorganisation de l'administration
judiciaire de la Cochinchine et du Cambodge, dont l'abrogation
était proposée, se trouveraient abrogés implicitement par la promulgation du nouveau texte ; en second lieu, le remplacement du
décret du 17 mai 1895 en entier était alors à l'étude, en sorte
que toute modification partielle devenait superflue.

Ce remplacement a eu lieu, en effet : un décret, portant réorganisation judiciaire de l'Indochine, a été signé le 16 février 1921,
dont les dispositions se trouvent substituées à celles des textes multiples qui réglaient la même matière dans les diverses parties

de l'Union et qui avaient déjà fait l'objet, d'ailleurs, d'un premier essai d'unification moins complet, à la date du 28 mai 1913.

Ainsi que cela a été dit plus haut (n° 17 suprà), les règles posées par les articles 18 et 19 du décret du 17 mai 1895, déterminant les conditions d'applicabilité des lois française et annamite à la généralité des « conventions et contestations civiles et commerciales », se trouvent formulées à nouveau, sinon exactement uans les mêmes termes, au moins dans un sens identique, à l'article 112 du nouveau texte, ainsi conçu :

« En matière civile, la loi française régit toutes les conventions « et toutes les contestations entre Français, entre Français et as-« similés, entre Français ou assimilés et indigènes ou assimilés ».

« La loi annamite régit toutes les conventions et toutes les con-« testations entre indigènes ou assimilés. Toutefois, la déclaration « faite dans un acte par des indigènes ou assimilés qu'ils enten-« dent contracter sous l'empire de la loi française, entraîne l'ap-« plication de cette loi. Ils peuvent également, d'un commun « accord, demander à la juridiction saisie qu'il leur soit fait appli-« cation de la loi française.

« Cette option n'est pas permise aux indigènes du Cambodge « et de l'Annam proprement dit, à moins que des ordonnances de « leurs Souverains ne les y autorisen.' expressément ».

La matière commerciale se trouve, on le voit, éliminée d'abord de la nouvelle rédaction, pour faire l'objet d'un article distinct, l'article 114 ; elle est, d'ailleurs, étrangère à l'objet du présent rapport.

Mais on voit aussi que, avec la nouvelle organisation comme avec l'ancienne, tout ce qui touche à l'exercice des droits immobiliers se trouve encore régi par une législation différente suivant la nationalité des parties à un même contrat ou à une même instance.

Des exemples ont été donnés précédemment des conséquences d'un tel état de choses, qui suffisent pour montrer l'intérêt capital qu'il y a, au contraire, à faire une distinction entre les « conventions et contestations » passées ou élevées entre habitants de l'Indochine, non pas d'après la personnalité des parties cont actantes ou litigantes, mais uniquement d'après la nature des biens et droits en cause ; il est superflu d'y revenir et, au surplus, toute cette discussion se trouve, en fait, dominée par le principe de l'unité nécessaire du statut applicable aux biens immeubles situés dans un même lieu.

122. — Peut-on maintenant considérer que la mise en application, dans un pays où fonctionnent des tribunaux français, d'un régime foncier propre à ce pays et différent du régime en vigueur dans la Métropole, aura pour effet de modifier la portée de l'article 112 du décret de 1921 ?

L'acte qui institue ce régime foncier spécial serait bien l'œuvre du législateur français, mais du législateur colonial, et son effet serait limité au territoire de la colonie, c'est-à-dire à une terre extra-européenne. Le décret de 1921 distinguant deux lois : la loi française, la loi annamite, exclusives l'une et l'autre, si l'on considère le nouvel acte à intervenir, qui devra être signé par le Président de la République française, comme se rattachant à la législation française, il ne régira que les seules conventions et contestations dans lesquelles l'une au moins des parties sera un Français ou assimilé ; si au contraire, on prétend, en raison de son objet, et parce que destiné à un pays annamite, le faire rentrer dans la législation annamite, il ne pourra plus être appliqué qu'entre indigènes.

Les tribunaux voudront-ils admettre que cette double disposition de l'article 112 cesse d'avoir effet dans ce cas particulier et croiront-ils devoir ne tenir compte, pour l'interprétation des conventions et la solution des contestations en matière immobilière entre toutes parties, que du seul décret organique du régime foncier local ?

Peut-être la réponse à cette question pourrait-elle être affirmative ; mais, malgré tout, il serait certainement plus simple et plus sûr à le fois, pour éviter toutes difficultés, de donner à cette solution la forme d'un texte impératif.

123. — Au surplus, ce texte pourrait être ,non plus, comme il avait été proposé primitivement, un décret spécial modifiant et complétant l'acte organique de l'administration judiciaire, mais une simple disposition additionnelle au texte organique du régime foncier.

A l'époque où le premier rapport a été établi, en effet, l'organisation de la justice française reposait, dans les diverses parties de l'Indochine, sur des actes distincts : le décret du 17 mai 1895, pour la Cochinchine, celui du 6 mai 1898, pour le Cambodge, celui du 1ᵉʳ décembre 1902, pour le Tonkin, l'Annam et le Laos ; ces actes multiples se trouvent aujourd'hui fondus en un seul. Or, si l'on veut bien se reporter aux projets de décrets annexes A, E et K, qui avaient pour objet de compléter chacun des actes précités, en vue de régler la compétence des tribunaux français en matière de législation immobilière suivant les besoins propres de chaque région, on verra que les dispositions proposées étaient assez différentes, au moins dans la forme ; il serait donc difficile de les réunir toutes aujourd'hui en une formule unique, — à moins de rédiger cette formule dans des termes tout à fait généraux, — susceptible d'être soit substituée, soit incorporée au texte de l'article 112 du décret unique.

En ce qui concerne spécialement la Cochinchine, on pourrait envisager l'addition, à la suite de l'article 1ᵉʳ du projet de décret annexe B, d'une disposition complémentaire ainsi conçue :

« En conséquence et par dérogation à l'article 112 du décret du « 16 février 1921, toutes conventions et contestations entre toutes « parties, ayant pour objet des biens et droits immobiliers, sont « exclusivement régies par les dispositions qui suivent. »

124. — Dans le périmètre des concessions françaises de l'Annam et du Tonkin, la situation est exactement la même qu'en Cochinchine : il s'agit de territoires français et le nouveau régime de la propriété foncière y serait établi par un décret, dont le projet, annexe I, ne s'écarte que sur quelques points de détail de celui qui est proposé pour la Cochinchine.

La conciliation entre ses dispositions et celles de l'acte du 16 février 1921 se ferait donc très simplement, par l'addition à l'article 1ᵉʳ d'un second alinéa copié littéralement sur celui que l'on vient de lire au précédent paragraphe.

125. — Il en va différemment pour les territoires protégés de ces mêmes pays de l'Annam et du Tonkin.

La réforme proposée pour ces régions se présente, en effet, sous un double aspect : pour l'élément indigène, elle consisterait — et l'on a vu qu'au Tonkin l'expérience a déjà été engagée, — en une amélioration du système purement annamite, la loi annamite restant intégralement et exclusivement applicable et les tribunaux annamites seuls compétents ; pour l'élément français — les français étant actuellement les seuls étrangers admis à acquérir des droits immobiliers en terre d'Annam, — l'adoption du régime nouveau proposé pour les concessions constituerait la condition nécessaire pour assurer aux droits acquis la protection de la loi française : ce serait donc la loi française qui serait applicable et les tribunaux français qui seraient compétents.

On se trouverait ainsi ramené par une voie indirecte aux règles formulées en l'article 112 du décret de 1921.

La seule difficulté qui subsisterait serait la suivante : le régime applicable aux biens et droits immobiliers acquis par des français étant réglé, en conformité des traités en vigueur, par un arrêté du Gouverneur général, les tribunaux français tiendraient-ils cet acte pour suffisant en ce qui concerne la substitution du système des livres fonciers à celui des registres hypothécaires comme organe de publicité et, dans le même ordre d'idées, en ce qui concerne également les quelques modifications, moins importantes sans doute, apportées aux prescriptions du code civil ?

Si l'on pensait que la réponse à cette question dût être négative, il faudrait évidemment faire confirmer l'arrêté du Gouverneur général, — prévu aux ordonnances de 1888 et 1897, — par un décret en due forme.

126. — Au Cambodge, le régime foncier serait, comme le veulent les traités, l'œuvre commune des autorités françaises et cambodgiennes ; il serait, d'ailleurs, sauf l'observation de certaines modalités dans l'application, le même pour tous les éléments de la population.

L'immatriculation sur des livres fonciers, qui a déjà été décidée à l'égard des propriétaires indigènes, serait étendue à tous les détenteurs du sol et il y serait procédé suivant des méthodes plus ou moins perfectionnées, d'après les distinctions qui ont éé exposées plus haut, tenant compte soit de la situation des biens, soit de la personnalité des détenteurs ; il est en outre prévu au projet que les immeubles, immatriculés au bureau de la conservation de Phnom-Penh relèveraient, en cas de litiges relatifs aux droits qui les grèvent, du tribunal français de cette ville.

Mais le texte organique, émanant des pouvoirs locaux et n'ayant autorité que dans l'étendue du Cambodge, aurait incontestablement le caractère d'une loi cambodgienne et, avec sa rédaction actuelle, l'article 112 du décret du 16 février 1921 s'opposerait à son appli-

cation par les tribunaux français dans les contestations « entre
« Français, entre Français et assimilés, entre Français ou assimilés
« et indigènes ou assimilés ».

Il serait donc indispensable que, pour le Cambodge, un décret
du Chef de l'Etat vienne concilier les textes contradictoires, en
donnant compétence,, d'une part, au tribunal français de Phnom-
Penh pour statuer sur tous litiges relatifs aux immeubles immatriculés au bureau de la conservation de cette ville et en décidant
d'autre part, qu'il sera fait application par ce tribunal des actes
constitutifs du statut immobilier local même à l'égard des Français
et assimilés.

La rédaction de ce décret ne présenterait aucune difficulté : à
la suite d'un préambule visant notamment l'ordonnance du roi du
Cambodge dont le projet est donné sous l'annexe C, il serait sti-
pulé, en un article 1ᵉʳ, que :

« Par dérogation aux dispositions de l'article 108 du décret du
« 16 février 1921, le tribunal français de Phnom-Penh sera compé-
« tent à l'égard de tous justiciables, Français, Cambodgiens ou étran-
« gers, à quelque nationalité qu'ils appartiennent, dans tous les
« litiges relatifs aux droits établis ou revendiqués sur des immeu-
« bles immatriculés au bureau de la conservation de la propriété
« foncière de Phnom-Penh ».

Et, en un article 2, que :

« Par dérogation aux dispositions de l'article 112, 1ᵉʳ alinéa, du
« même décret, les conventions et contestations entre toutes par-
« ties, Français ou assimilés et indigènes ou assimilés, relatives à
« la constitution, à la transmission ou à l'exercice des droits réels
« immobiliers au Cambodge seront soumises aux ordonnances et
« autres actes législatifs sur la matière émanant des autorités visées
« par l'article 9 de la convention du 17 juin 1884. »

127. — Si les projets de décrets dont il vient d'être question
et qui tendent à fixer les principes fondamentaux du statut de la propriété foncière dans les diverses parties de l'Indochine sont susceptibles, à la suite de la nouvelle étude entreprise,
de recevoir certaines modifications, il n'en va pas de même de
ceux qui, destinés à assurer l'application en pays de protectorat,
par les justiciables des tribunaux français, des textes émanant des

autorités locales, confirment certaines dispositions de ces textes et donnent compétence aux tribunaux français pour prononcer les sanctions prévues.

Ces projets sont au nombre de deux : le premier, annexe F, qui doit avoir autorité dans toute l'étendue du royaume du Cambodge, ne concerne toutefois, dans ces limites, que les immeubles sur lesquels s'étend la compétence du tribunal français de Phnom-Penh, c'est-à-dire que les immeubles immatriculés au bureau de la conservation de la propriété foncière de Phnom-penh ; le second, annexe L, s'applique aux territoires du Tonkin et de l'Annam non concédés et simplement protégés, mais ne régit également, dans ces territoires, que les droits régulièrement acquis par des Français, immatriculés à leur nom et justiciables de ce fait des tribunaux français.

Rien ne doit être changé à leur égard, les dispositions que ces deux actes auraient pour objet de valider étant l'œuvre d'autorités, — le Résident supérieur au Cambodge, d'une part, le Gouverneur général de l'Indochine, de l'autre, — qui n'ont pas reçu de la puissance qu'ils représentent des pouvoirs suffisants pour édicter des peines de l'importance de celles prévues aux textes organiques du statut foncier projeté ; des décrets du Chef de l'Etat sont dès lors indispensables pour que les tribunaux français puissent en faire l'application.

CONCLUSIONS

128. — Et maintenant, si de l'ensemble des constatations, considérations et propositions qui précèdent, on veut tirer des conclusions nettes et définitives, — encore que la situation ne soit pas la même dans toutes les parties de l'Indochine et que l'organisation à réaliser doive subir des modifications en rapport avec les conditions spéciales dans lesquelles la question se présente en chacune d'elles, — on doit proclamer tout d'abord, que la mise en œuvre de la réforme foncière présente partout, bien qu'à des degrés différents, un véritable caractère d'urgence et qu'elle ne saurait être retardé plus longtemps.

Les inconvénients, les dangers mêmes de la dualité des législations foncières n'ont fait qu'apparaître toujours avec plus d'évidence, révélés à la fois par la multiplicité des litiges, sur la solution desquels la jurisprudence est désormais constante, et par le défaut absolu d'efficacité de toutes les mesures administratives prises pour établir la conciliation entre ces deux législations.

D'où cette conclusion première, qui n'est que le rappel d'un principe imprescriptible : le statut réel doit être nécessairement un pour tous les immeubles d'un même pays.

L'institution fort ancienne déjà, dans tout le pays annamite, d'un système de registre foncier connu de la population indigène et perfectionné dans les provinces devenues françaises de la Cochinchine, l'établissement dans les concessions françaises du Tonkin et de l'Annam de matrices cadastrales assez soigneusement tenues à jour (et à Tourane, spécialement, d'un « livre terrier » régulièrement servi), les essais d'introduction en pays de protectorat d'une règlementation foncière garantissant les droits des autochtones, par la promulgation, au Tonkin, d'une part, au Cambodge, de l'autre, de codes civils à l'usage des tribunaux indigènes, où le système de la publicité réelle est prévu et même, dans une certaine mesure, mis en vigueur, tout cela constitue autant de raisons pour qu'aucune hésitation ne se produise plus maintenant sur le choix de ce statut unique et du procédé de conservation des droits réels immobiliers qu'il doit consacrer.

Aucun pays dans tout l'empire colonial français, n'était en somme mieux préparé pour voir appliquer à son sol la réforme, déjà réalisée presque partout ailleurs, de la publicité réelle supplantant la publicité personnelle du Code Civil.

129. — Cette réforme, du reste, ne doit pas être appliquée uniformément dans toutes les parties de l'Indochine, d'après les mêmes procédés, dans les mêmes formes et avec les mêmes effets ; il est superflu d'y revenir, mais il faut retenir que le but à envisager est l'unification à échéance plus ou moins lointaine du régime de la propriété dans toute la Péninsule.

Sans doute, des essais, sont à faire, dans les conditions qui ont été indiquées ; certains, d'ailleurs, sont déjà entamés ; mais il ne faudrait plus s'arrêter à des objections d'un caractère purement dilatoire, dictées apparemment par le souci du moindre effort et susceptibles seulement de prolonger une situation absolument fâcheuse pour tous les éléments actifs de la population désireux de faire vivre et prospérer la colonie.

De ce déplorable état d'esprit de quelques uns on ne saurait trouver un exemple plus complet que la conclusion de la note rédigée par les membres de la minorité de la commission d'Hanoi :

« .... Plus tard, et après l'achèvement complet du cadastre dans
« la colonie, on pourra se demander s'il convient d'envisager la
« possibilité d'entrer dans une voie plus audacieuse et éloignée du
« Code Civil ».

Quelle est la réforme, quel est le progrès qui pourraient jamais être réalisés si, l'on en renvoyait sans cesse l'étude à « plus tard » en spécifiant en outre qu'à ce moment, si incertain déjà, il sera temps, non pas de prendre une décision sur la réforme elle-même, mais seulement de voir s'il y a alors quelque intérêt à entreprendre l'étude différée ?

La réforme foncière en Indochine est nécessaire ; les conditions sont favorables ; elle doit aboutir...

TABLE DES MATIÈRES

Imprimerie d'Extrême-Orient,
Hanoi. — 1927. — 29155-250.